Sol Király Galván

70 hechizos de amor

Índice

Donde no hay amor, poned amor y encontraréis amor.

San Juan de la Cruz.

Ser amado se puede decir que también es ser estimado, que es lo que quieren generalmente casi todos los hombres

Aristóteles

Todo lo que sabemos del amor es que el amor es todo lo que hay

Emily Dickinson

Introducción

El amor es una necesidad humana básica, algo que todos necesitamos para ser felices, un sentimiento inigualable que nos ayuda a vivir una vida plena y satisfactoria. Es, también, la emoción más poderosa del universo, mucho más que el rencor, el odio, la tristeza o el miedo. Nos conecta con otras personas de una manera especial. Nos hace sentir alegres, llenos de vida y proporciona al ser humano un sentido de pertenencia.

Pero el sentimiento amoroso no es solo una sensación que nos proporciona placer, también nos permite estar en paz con el universo y otorga al ser humano fuerzas para superar los momentos difíciles. Sin amor no hay armonía. Es la emoción que nos ayuda a crecer y nos hace mejores personas. Esta sensación de felicidad y bienestar se experimenta, sobre todo, cuando estamos en contacto con otra persona, aunque para sentirla necesitamos primero amarnos a nosotros mismos.

Pero seguro que todo esto ya lo sabes. Por algo el amor es uno de los logros más buscados por las personas de todo tipo y condición, raza, género y creencias.

En este libro encontrarás setenta fórmulas para conseguirlo a través de la magia blanca, de la trascendencia de tu YO espiritual y de tu poder mental. Los hechizos que te propongo en las siguientes páginas son fáciles de realizar y son todo bondad: no intentan convencer a una tercera persona para que se someta a nuestros deseos o conseguir nuestras metas a toda costa. Simplemente son rituales para la canalización de la energía a través de los cuales puedes conseguir muchas cosas: atraer definitivamente el amor, conseguir la conexión con una persona elegida, eliminar obstáculos que te perjudican a la hora de encontrar a tu alma gemela o aprender a amarte sin condiciones para que los demás también lo hagan.

Como ya hemos dicho, estos hechizos se basan en la magia blanca. Aquí encontrarás una pequeña explicación sobre esta práctica, para que sepas el poder que tienes entre las manos. Sin embargo, no esperes un gran tratado sobre magia y brujería, energías y teorías esotéricas. El objetivo de este libro no es que te conviertas en una experta o un experto conocedor de años y años de tradición y procedimientos. Simplemente te ofrezco la oportunidad de que te ayudes a ti misma/o partiendo de tu propia convicción, de tu poder mental y tus capacidades como parte de la energía universal. Te ofrezco un manual práctico, sencillo de llevar a cabo, pero completo. Te llevaré de la mano para que todo salga bien.

Lo que sí debes saber de antemano es que la magia blanca solo se utiliza para ayudar, sanar, reconducir o reparar. Requiere de un verdadero compromiso de fe por tu parte, por eso es fundamental que sigas todos los pasos en cada uno de los rituales. Comenzaremos siempre por buscar la paz y la trascendencia de nuestro plano espiritual, es la mayor garantía de efectividad para estas fórmulas.

Cuando aprendas a alcanzar el plano espiritual adecuado para que tu hechizo funcione, tendrás la asistencia de una serie de elementos que actúan como canalizadores. En este manual te propongo ingredientes que están al alcance de todos, para que puedas conseguir tus metas sin necesidad de ser un experto, acudir a un gabinete o hacer un gran desembolso de dinero.

Las oraciones, mantras o peticiones constituyen también una parte imprescindible en estos hechizos. Son la forma que tienes de manifestar lo que deseas sin dudas ni equívocos. Te guiaré para que expreses correctamente tus peticiones en estos rituales.

Cada uno de los hechizos es un paso a paso explicado detalladamente de manera que no te sientas perdida/o en el procedimiento. No tengas miedo a practicar y descubrir cuán lejos es capaz de llegar tu alma y tu energía. Te tomo de la mano para que te adentres en este maravilloso mundo de la magia gracias al cual tú dirigirás tu futuro por el camino que deseas.

¿Qué es la magia blanca?

La magia blanca es una forma de energía pura que se utiliza desde hace siglos para ayudar, sanar y proteger. Podemos definirla como la energía de la Luz, del Amor y de la Verdad. Es pura, positiva y constructiva. Esta magia está llena de bondad, amor y compasión. La intención de la magia blanca es siempre el bien mayor y nunca hará daño a nadie. Es una fuerza de la naturaleza que está disponible para todos.

En ocasiones se la conoce como la 'magia natural', por estar conectada directamente con la naturaleza y sus cuatro elementos: el fuego, el agua, la tierra y el aire. Es practicada desde tiempos inmemoriales. Algunos autores la sitúan ya en tiempos prehistóricos, pero es en las civilizaciones antiguas donde ha quedado registrada su práctica. Desde Grecia al Antiguo Egipto, pasando por el judaísmo o los primitivos cristianos, los seres humanos han echado mano de ritos y rituales, pócimas y rezos, para conectar con deidades y fuerzas naturales y pedir que, a través de su poder, les envíen ayuda para solucionar sus problemas y mejorar sus vidas. La magia blanca ha trascendido a lo largo de los siglos por la cultura occidental y ha sido posible conservar algunas de sus más atávicas costumbres y creencias para adaptarla a nuestros días.

Una de las características de la magia blanca es que puede ser practicada por cualquiera que realmente sea capaz de realizar un acto de fe verdadera y ponga todo su empeño y su bondad en conectar con las energías adecuadas. Lo único que necesitan es una buena guía como la que tienes entre tus manos.

Los hechizos que encontrarás en este libro están basados, por tanto, en la práctica de la magia blanca. No están destinados a forzar, someter, obligar o predestinar a alguien a hacer o sentir algo que va contra su voluntad, sino a potenciar algo que por naturaleza debe ser. No alteran el libre albedrío de las personas a las que están dirigidos, sino que les abre el camino para que comprendan la verdad y tomen acción cuando es necesario.

Por eso, estos hechizos son hechizos más efectivos cuanto mayor sea la conexión y la predestinación entre dos personas, tanto si quien ejecuta el hechizo conoce a quien quiere atraer, como si se trata de un ser que aún no se ha cruzado en su camino.

¿Cómo usar este libro?

Hay muchos tipos de hechizos según su tradición, su grado de complejidad, su sistema de creencias, los elementos utilizados, el tiempo de realización, la persona que los ejecuta, etcétera.

En este libro encontrarás rituales destinados a personas que no son profesionales y que se inician en la práctica de la magia blanca o que, simplemente necesitan solucionar una situación o generar un cambio para alcanzar la felicidad. Algunos hechizos hunden sus raíces en las civilizaciones más antiguas, como Grecia o Egipto, donde la comunicación con el universo y las deidades era un pilar básico del día a día. Otros provienen de la santería, la tradición africana, latinoamericana o incluso celta. Todos están escogidos para poderlos realizar con facilidad, utilizando elementos que están a nuestro alcance y prácticas que no suponen un riesgo para nadie.

Este libro está concebido como un manual de instrucciones para adentrarte en el fascinante mundo de los hechizos de magia blanca sin necesidad de que tengas conocimientos previos. Para que te sea verdaderamente útil, te recomiendo que leas todos los apartados previos y las preguntas frecuentes, así te garantizas que no habrá errores en la ejecución de los rituales. Encontrarás la respuesta de antemano a muchas dudas que se te van a plantear cuando te pongas manos a la obra.

Los hechizos de este tomo están divididos en cinco grandes partes. La primera de ellas es la que nos va a permitir encontrar el amor en todo su esplendor, puro, sólido y duradero. Es la adecuada para aquellas personas que quieren enamorarse, pero aún no conocen a su alma gemela. Son peticiones al cosmos, a las divinidades y a los regentes de energía para que abran los caminos que traen a nosotros al compañero o compañera ideal.

La segunda parte es la más útil para aquellas personas que ya tienen un amante ideal pero que tienen dificultades para conectar con él o con ella. Son hechizos destinados a enamorar, reconquistar o, simplemente, llamar la atención para establecer un primer contacto con una persona concreta.

En tercer lugar, te ofrezco una serie de rituales para reavivar el amor o la llama de la pasión en tu pareja. Son hechizos sencillos para hacer más sólido un amor que ya existe, porque a tu alma gemela no solo tienes que conseguirla, también tienes que mantenerla.

La cuarta parte está destinada a eliminar obstáculos para que tengas una vida sentimental plena. Son hechizos que apartarán de tu lado, de una forma benévola, a todas aquellas personas que ponen piedras en tu camino y cierran el flujo de energía para que puedas encontrar el amor verdadero.

EL quinto apartado quizá debería ser el primero... Para recibir todo el amor que estás dispuesta o dispuesto a solicitar a través de mis hechizos, lo primordial es que te tengas amor a ti misma/o. No llegará tu alma gemela si no tienes cosas buenas que ofrecerle, y esas cosas buenas las tienes que descubrir y valorar por ti misma/o. Por eso te propongo una serie de hechizos y rituales que te devolverán la confianza y el amor propio y que harán de ti un imán atrayente de todo lo bueno que mereces.

La preparación

La puesta en marcha de la magia blanca es sencilla, siempre y cuando tengas en cuenta una serie de cuestiones previas para su correcta realización. Si no tienes una preparación adecuada, sencillamente perderás el tiempo.

Lo primero que debes tener en cuenta es que necesitas encontrarte con un estado de ánimo apropiado para adentrarte en estas prácticas. No pretendas hacer un hechizo un día que estás de mal humor, que sientes que las cosas no te están saliendo del todo bien o, sencillamente, en un momento en el que tienes hambre, sueño, dolor de cabeza o algún tipo de malestar que te vaya a impedir concentrarte. Elige un día en el que tengas claro lo que quieres, que te sientas esperanzada/o y con buenas vibraciones.

Además de esto, hay otras cuestiones previas que debes cumplir y que te explico a continuación.

El lugar

Los hechizos que te propongo están diseñados para realizarlos en la intimidad de tu hogar. Es imprescindible que elijas bien tu entorno porque, como ya experimentarás, el lugar donde te ancles para conectar con la energía influye de forma directa tanto en tu estado de ánimo y en tu concentración como en la convicción con la que acometas la puesta en marcha de los rituales.

Busca siempre un lugar tranquilo, en el que no tengas distracciones. Por supuesto no lo hagas con la televisión encendida, al lado de un teléfono o frente a una ventana desde la que veas la calle llena de gente. Asegúrate de que nadie ni nada te va a interrumpir. Lee siempre antes las pautas para hacerte una idea de cuánto tiempo tienes que reservar para ti.

A pesar de que te esfuerces en aislarte, siempre existe el riesgo de que te interrumpan. Si eso sucede, no te preocupes, nada va a salir mal. Eso sí, tendrás que empezar desde el principio porque, lógicamente, tu poder de concentración y el flujo de energía habrá sufrido un corte.

En la preparación del entorno donde vas a realizar tu ritual ten en cuenta la temperatura y las corrientes de aire, el olor, los ruidos y tu comodidad. En la mayoría de las ocasiones podrás poner incienso o será el propio hechizo quien te lo pida, más adelante hablaremos de la importancia de este elemento.

También podrás poner música, salvo que te indique en las instrucciones que no lo hagas. Elige siempre una música suave y ponla de fondo, que no sea la protagonista de la estancia. En cuanto a la comodidad, intenta llevar ropa holgada que no te vaya a hacer sentir incomodidades, siéntate en el suelo con cojines o una colchoneta. En ocasiones podrás tumbarte, cuando la meditación y concentración vaya a ser prolongada.

Para algunos (muy pocos) rituales te diré que es necesario mantener una ventana abierta o cerrada. Es algo que estará detallado en las instrucciones. Si no es así, puedes mantenerla como mejor te parezca.

Recuerda que este espacio es para que disfrutes, un entorno que va a tener flotando en el aire todas tus esperanzas en un futuro mejor y lleno de cambios positivos.

Relajación, concentración y visualización

Ya te he adelantado que la magia blanca es un acto de fe verdadera. Con eso te quiero decir que es fundamental el estado psicológico, la apertura mental y la espiritualidad con la que afrontes su práctica. Antes de realizar cualquiera de los hechizos que he seleccionado para ti, debes reunir dos requisitos básicos: estar en paz y tener claro lo que quieres conseguir. Eso se traduce en relajación, concentración y visualización. O lo que es lo mismo, debes tener una actitud meditativa para aclarar tu mente y fijar tus objetivos antes de ponerte manos a la obra.

La meditación es una técnica de relajación que nos da la oportunidad de estar en contacto con nuestro yo interior y de controlar nuestras emociones. Nos ayuda ser conscientes de nuestros pensamientos y a controlarlos, lo que nos permite tener una mayor claridad mental y emocional. También es un gran aliado para mejorar nuestra eficiencia y memoria, y nos convierte en seres más conscientes de nuestro cuerpo y de nuestras necesidades. A través de la meditación vamos a conectar con nuestra esencia y a encontrar la paz interior.

Además, mediante este viaje a nuestro interior, conseguimos concentrarnos y este paso es fundamental para que el hechizo se realice de forma correcta. Te recomiendo que comiences a practicar la meditación y la interiorización antes de lanzarte a hacer tus rituales; con práctica previa te será más fácil alcanzar el estado óptimo para conseguir dirigir los flujos de energía hacia el lugar que pretendes.

Existen muchas técnicas para relajarse, meditar y conectar con nuestro interior, nuestros pensamientos y emociones. Te propongo algunos ejercicios rápidos y fáciles.

La forma más frecuente de entrar en estado introspectivo es fijar la atención en nuestra respiración, que debe ser profunda y pausada. Dedica cada día unos minutos a esta práctica. Comprobarás que es beneficiosa para todos los aspectos de tu vida. Mientras respiras lentamente, tu cuerpo se va relajando y tu mente va focalizándose en lo que deseas. Al principio notarás que te interrumpen pensamientos de toda índole. Con el tiempo, aprenderás a apartarlos y conseguirás dejar la mente lo más despejada posible.

La concentración en un punto concreto y tangible es otra técnica que te puede ayudar a calmar tu mente. Hazlo siempre acompañado de una respiración profunda. Elige un objeto en el que fijar la vista. Puede ser una vela, un cuadro, una figura, una flor, etc. Mantén tu atención en ese elemento durante unos minutos, notarás cómo poco a poco tus pensamientos se van calmando y tu cuerpo se relaja.

La relajación física también es importante para la introspección. Utiliza música o un audio de meditación guiada mientras estás tumbada o tumbado en una posición cómoda. La mayoría de las técnicas se basan en la tensión y distensión de los grupos musculares. Tensa y destensa tus brazos y tus piernas, tu cuello y tu abdomen, hasta que consigas relajarte.

El yoga es una herramienta muy útil para conseguir destreza en la tarea de relajarnos y concentrarnos. Al practicarlo, fijamos la atención en nuestro cuerpo y en nuestra respiración. Esto nos ayuda a darnos cuenta de nuestros pensamientos y emociones y, con el tiempo, nos permitirá a controlarlos.

Verás que cada hechizo se inicia con unos minutos dedicados a conectar con tu interior antes de ponerte manos a la obra. No te saltes nunca este paso.

Este estado introspectivo te ayudará a conseguir otro paso previo ineludible: la visualización. Difícilmente vamos a acertar enviando nuestro mensaje si no tenemos claro lo que queremos. La visualización consiste, simplemente, en imaginar el cambio que estás pidiendo. Debe ser concreto y con detalles. Verás que en cada hechizo te pido que representes en tu mente situaciones concretas que esperas que se materialicen.

Los ingredientes o elementos canalizadores

En todos los hechizos se utilizan vectores de conexión que nos facilitan el flujo de la energía. Pueden ser tangibles o intangibles, es decir, podemos utilizar cosas que se pueden ver y tocar, como velas, hierbas, objetos, etc., o podemos servirnos de una oración, un mantra o nuestra fuerza espiritual. Esta última modalidad requiere más práctica porque en realidad, cuando eres principiante, es más fácil realizar el acto de fe verdadera si tienes a tu lado objetos que puedas tocar y que representen algún papel en tu ritual.

Por eso en todos los hechizos necesitarás algún objeto o te proporcionaré una oración. Aquí te dejo una lista de los elementos más usados en magia blanca y su significado.

Velas

Las velas son el elemento necesario por excelencia en casi todos los rituales en todas las culturas. Como te comenté antes, a la magia blanca también se la conoce como 'magia natural', y las velas representan a uno de los elementos de la Naturaleza: el fuego. Tienen un alto poder místico y sus cometidos son muchos, desde ayudar a concentrarnos hasta generar flujos de energía. Podemos decir que una vela es como un faro que encendemos cuando estamos comunicándonos con el cosmos y las deidades.

El fuego, representado en este elemento, tiene el poder de obrar cambios: todo lo que toca, lo transforma. Va a estar presente en casi todos los hechizos que te propongo. Enciende siempre la vela con un elemento natural, es decir, con fósforos o cerillas, nunca con encendedores. A la hora de apagarla, no lo hagas soplando. Neutraliza la llama con un apagador o con un vaso del revés.

Si eres aficionada/o a fabricar velas con productos naturales, estás de enhorabuena porque, no solo son válidas para estos hechizos, sino que son muy efectivas. Si ese no es el caso, no te preocupes, hay infinidad de velas en el mercado para utilizar en tus rituales.

El color de la vela es muy importante: a diferente color, diferente frecuencia de onda emitida. A continuación, te detallo el significado de las más utilizadas, aunque no son las únicas.

Las velas blancas son las más habituales en hechizos de magia blanca porque simbolizan, entre otras cosas, la pureza de nuestras intenciones, la energía más básica y la inocencia. Limpian cualquier espacio. Son muy versátiles y se utilizan siempre en rituales como representación genérica del fuego; el blanco es todos los colores en la ausencia de color.

En hechizos de amor son muy habituales las de color rojo y rosa, símbolos del sentimiento más fuerte entre dos personas. La roja simboliza el amor, la pasión o la lujuria, pero también nos aportan mucha fuerza y energía para afrontar otros asuntos, así que no solo se usan en hechizos sentimentales. El rojo es vitalidad y empuje para emprender cambios.

Las velas rosas son sinónimo de amor, dulzura y ternura. Representa la belleza y las emociones más delicadas. Aunque te parezca que tienen menos fuerza que las rojas, nada más lejos de la realidad; en una vela rosa se concentra todos los poderes de una vela roja y una vela blanca. También protegen y fomentan la amistad.

Las velas azules simbolizan el cielo, nos aportan armonía y son especialmente buenas para calmar tensiones. Representan también la fidelidad, la fe y todo lo referente al hogar y su protección.

Las velas amarillas se relacionan tanto con el sol como con el oro y por eso, en ocasiones, se usan para representar aspectos materiales del ser humano, como intercambios de dinero. También simbolizan la lógica y la razón, la inteligencia y la memoria. Tienen poder sobre el sistema nervioso y su buen funcionamiento y a veces se asocian con algunos sentimientos no constructivos, como la envidia o el ego.

Las verdes son las velas de la abundancia, de la ambición y el crecimiento. También de la suerte, la salud y la fertilidad. Nos ayudan a equilibrar el cuerpo y la mente y se asocian al crecimiento personal. Se usan mucho para conectar con la Naturaleza.

Las naranjas están muy conectadas con el sol y nos aportan fuerza, positividad, acción. Como mezcla del rojo y el amarillo, nos ayudan a recargar nuestro magnetismo y nos infunden motivación.

El negro en una vela tiene muchos significados y usos, pero a grandes rasgos podemos asegurar que repele la maldad y sirven para limpiar espacios físicos y espirituales. Se asocia con la oscuridad y con rituales alejados de la magia blanca, pero la realidad es que, bien utilizado, el negro es la vela del poder y la autoridad. Son un fantástico escudo contra cualquier daño.

Hierbas y flores

Como grandes representantes de la Naturaleza, las flores y hierbas se han utilizado a lo largo de los siglos como canalizadores de energía. Representan a la tierra y nos estimulan con sus olores y colores. También son importantes otros aspectos para elegir unas u otras, como su relación con el sol, su procedencia, su forma, etc. Te dejo una breve descripción de las más utilizadas aquí.

La rosa: no puede faltar en un libro de hechizos de amor porque es la flor que llega al fondo de los corazones. Representan la vitalidad y están directamente relacionadas con nuestra autoestima y con el respeto o, ¿acaso no es una de las flores más regaladas para despertar sentimientos en otras personas? Las rojas son pasión, las rosas dulzura; las blancas, pureza e inocencia.

La lavanda: ha sido utilizada históricamente como sanadora de dolencias de la piel y también del sistema nervioso. Aportan tranquilidad, protegen y calman, tanto el cuerpo como la mente. En el amor, tienen un gran poder de atracción.

El romero: igual que la lavanda, lo utilizamos en este libro por su gran poder de atracción, pero también nos ayuda a concentrarnos. Estimula la memoria y ayuda a crear buenos recuerdos entre los amantes. Desde las culturas antiguas es una planta que simboliza la fidelidad. Se utiliza mucho en adornos florales de bodas.

El laurel: ha sido históricamente una planta sagrada. Lo usaban en la antigua Roma para colocarlo en las cabezas, no solo para adornar, sino para ayudar a la clarividencia de los aristócratas. En Grecia, las sacerdotisas lo masticaban para obtener poderes. Ha sido asociado con el triunfo y las alabanzas. Menos conocidas son sus propiedades como escudo protector: el laurel repele cualquier manifestación del mal y la neutraliza, por lo que es ideal para reforzar amuletos.

Las piedras

Al igual que sucede con las hierbas y flores, los minerales son unos poderosos centros de energía de la Naturaleza. Emiten multitud de vibraciones capaces de concedernos beneficios innumerables. Son excepcionales como elementos sanadores, limpiadores, como apoyos para la concentración y para llevar como amuletos. Hay muchísimas piedras con infinitos usos, aquí solo te dejo un esbozo de algunas de las que vamos a utilizar para que sepas lo que tienes entre las manos.

Ámbar: El ámbar es uno de los elementos de la naturaleza que más nos puede ayudar en la búsqueda del amor. Es considerada por muchos una piedra preciosa, pero en realidad es un mineral orgánico que procede de resina vegetal fosilizada. Cada ámbar tiene decenas de millones de años. La piedra de ámbar es muy suave y, aparte de proteger a las personas inocentes contra los malos deseos de terceros, es muy potente atrayendo el amor y la felicidad. También se extrae incienso de esta resina fósil.

Cuarzo rosa: conocida en algunas culturas como la piedra de Afrodita, se utilizó en Grecia, Roma y Egipto para consagrarlas a sus respectivas diosas del amor y para usarla como cosmético: el polvo de cuarzo rosa era extraído para hacer aceites a modo de mascarillas y aprovechar su gran belleza para potenciar la de los humanos. Se le atribuía el poder de hacer brillar la piel y de rejuvenecer los rostros.

Es el mineral que más se relaciona con el amor porque atrae todas las energías relacionadas con ese sentimiento y es capaz de abrir cualquier alma pura. Esta piedra se relaciona con el Chakra del Corazón, el Anahata, y es utilizada en la mayoría de creencias para sanar las relaciones de pareja con su sola presencia.

Esta piedra no solo representa el amor de pareja, sino que también es capaz de potenciar el amor en la familia, el cariño entre amigos y la armonía. Con un cuarzo rosa se puede generar un vínculo extremadamente fuerte entre dos personas. Por supuesto, también es idónea para potenciar y sanar el amor propio.

Amatista: en cualquier hechizo, esta piedra te proporciona un extra de concentración y trascendencia espiritual. Tiene una gran potencia a la hora de vibrar y promueve la paz, la calma y el equilibrio. Además de todo esto, aporta mucha fortaleza a las relaciones. Podemos decir que es algo así como un pegamento, un poco de cemento para situaciones en las que un vínculo no pasa por su mejor momento.

También se usa la amatista como ingrediente en rituales de limpieza y como protector en amuletos.

Turmalina negra: es una de las piedras más polivalentes, aunque su uso mayoritario es el de mineral protector y promotor de las buenas vibraciones. Tiene un poder infinito y unas excepcionales capacidades energéticas. Algunos expertos consideran que es la piedra que tiene más capacidad para acumular energía. Es fundamental en la práctica del Reiki por su eficacia para desbloquear los chakras.

Se utiliza muchísimo en amuletos en forma de colgantes o pulseras y es tan demandada que hace años que la emplean las grandes firmas de joyería para que formen parte de sus piezas. Su uso está muy extendido entre personas que trabajan de cara al público o relacionándose con muchas personas cada día. Si tienes una turmalina negra, llévala encima para que absorba todas las energías negativas, pero no te olvides de limpiarla al menos una vez al mes.

En este libro utilizaremos la turmalina negra por su capacidad de transformar las energías negativas en positivas, y neutralizar todo aquello que proceda del odio, la envidia, los celos o la angustia.

Piedra del sol: muy útil cuando queremos asegurarnos de que el vínculo entre dos personas es el adecuado y es sano. Esta piedra corta cualquier lazo tóxico o cualquier relación basada en la dependencia o en sentimientos que no son puros y constructivos.

En el plano físico, nos ayuda a conseguir el equilibrio biológico, la armonía entre los órganos del cuerpo para un buen funcionamiento de este.

Los inciensos

El incienso es otro de los elementos que más presentes están en los rituales. Nos conecta con el elemento aire y ayudan enormemente a la transformación de la energía. En el antiguo Egipto era considerado el perfume de los dioses. Se utiliza en todas las religiones y creencias desde tiempos inmemoriales, asociados a la concentración y a la trascendencia del plano espiritual. Estimulan, limpian y dirigen la atención.Hay de muchas clases y de muchas procedencias. Te recomiendo que escojas siempre aquellos que tienen un origen natural, y no sintético. Aquí te dejo una breve descripción de algunos de los más comunes y apropiados en magia blanca para que entiendas su significado.

Incienso de lavanda. Lo primero que vas a notar si enciendes un incienso de lavanda es su efecto relajante, por eso es un aroma perfecto para el momento de la introspección. Por ese poder calmante sobre el cuerpo y la mente, la lavanda es un perfume que encontrarás en muchos formatos y para muchos usos: limpiar la casa, perfumar la ropa y los cosméticos, como ambientador o para absorber la humedad y alejar insectos. En cuanto a sus propiedades mágicas, es un potente protector: aleja el miedo, limpia los ambientes y nos descarga de energías negativas, atrayendo, además, las positivas. Es utilizada desde la Edad Media como planta medicinal, un uso relacionado con sus efectos calmantes.

Incienso de mirra. Es muy efectivo para conectar con nuestro interior porque favorece nuestra concentración y la conexión con nuestro plano intelectual. Potencia cualquier conjuro. Además, es un gran protector y aleja cualquier daño. También se ha utilizado en medicina para diversas afecciones.

Incienso de romero. Otro protector muy recurrente en la magia blanca. Igual que la planta, el incienso que se fabrica con esta planta es apto para casi cualquier tipo de ritual. Atrae la suerte y la fortuna y ayuda mucho a que fluyan las energías. También nos aporta claridad de mente.

Incienso de rosa. Es especialmente efectivo en los hechizos de amor por su poder de atracción. Nos conecta siempre con la parte más positiva de nuestra vida, por lo que es muy recomendable para la visualización. Favorece el amor propio e incrementa el deseo sexual. También proporciona armonía en el hogar.

Incienso de ruda. Es un gran potenciador del flujo de energías y de nuestra capacidad para conectar con nuestra parte espiritual, aunque el uso más habitual de la ruda es como limpiador y eliminador de males y energías negativas. Apto para cualquier conjuro, también nos aporta paz y armonía.

Incienso de sándalo. muy utilizado desde la antigüedad, proviene de un árbol que es considerado sagrado en India. Su primera característica para lo que nos interesa es que promueve la comunicación en todos los planos, tanto de manera interna (con uno mismo, sus deseos y sus creencias) como de manera externa, con el cosmos y las deidades.

Como ingrediente para hechizos de amor, su sensual perfume tiene poderes afrodisíacos al conectar directamente con nuestro sistema hormonal por similitud de frecuencias con algunos de nuestros componentes químicos, como las feromonas. En Grecia las mujeres lo utilizaban como arma de seducción.

El olor del sándalo nos lleva al optimismo y sana las relaciones. Facilita la curación, especialmente si el daño viene desde el pasado, y borra de nuestro entorno las vibraciones negativas, como las que conllevan la mentira o la envidia.

Otros elementos

Cada hechizo tiene sus necesidades y los objetos que se puede utilizar son muy diversos, pero hay algunos más recurrentes como estos que te detallo.

Miel, azúcar y canela.

Muy útiles en hechizos de amor por cuestiones evidentes: ayudan a endulzar cualquier vínculo entre dos personas. En especial la miel y la canela tienen una larga trayectoria como elementos mágicos desde tiempos antiguos. Son, además, ingredientes muy fáciles de conseguir.

Fotografías.

Las fotografías constituyen uno de los objetos más personales de los usados en magia blanca para todo tipo de fines. En el caso que nos ocupa, la búsqueda del amor, es fundamental para completar la visualización en algunos rituales. Cuando necesites una fotografía en alguno de los hechizos que te propongo, ten en cuenta siempre que va a representar a la persona a la que quieres atraer. Por eso, elige una instantánea donde sea perfectamente reconocible, que salga de frente y sin elementos que tapen su cara, como gafas de sol, mascarillas o viseras.

Cuerdas, cordones y lazos.

Si hablamos de vínculos, es normal que se utilicen este tipo de elementos para representar los lazos que unen o unirán a dos personas. No te quedes corta/o con el tamaño y elígelos siempre en el color indicado, que en la mayoría de las ocasiones será rojo.

Las oraciones

Decía Esquilo, el maestro de la tragedia griega, que la palabras que dicen la verdad son las palabras más simples. En este libro encontrarás frases y oraciones para acompañar tus hechizos con un objetivo muy importante: el de componer un mensaje claro y directo que lanzar al cosmos.

Nuestro lenguaje tiene el poder de transformar nuestra vida, y por eso es fundamental que elijamos correctamente las palabras que empleamos. Son lo que va a diferenciar tu ritual de otros.

En algunas ocasiones te pediré que escribas tu propio enunciado para poner en marcha el flujo de energía hacia el lugar indicado, aunque siempre te daré pautas para hacerlo correctamente. Reflexiona y tómate tu tiempo a la hora de escribir. Recuerda que las letras que escojas van a encaminar tu destino.

Preguntas frecuentes

¿Son efectivos los hechizos de magia blanca realizados en casa?

Buenas noticias: son muy efectivos, tanto como los realizados con profesionales. Solo debes tener en cuenta que hay un ingrediente básico: la fe. Por eso es tan importante que no te saltes los pasos previos de relajación, concentración y visualización. La convicción que adquieres en esa preparación es lo que te hace fuerte para mover energía.

Sin embargo, también debes tener en cuenta otra cuestión, y es la necesidad de acción. No puedes esperar que venga un poder divino y te saque de la cama para que cumplas tus propósitos. Imagina que estás intentando mover una piedra de una tonelada, una hazaña fuera de tu alcance. Pides auxilio y aparecen 100 personas dispuestas a ayudarte a moverla con cuerdas y cadenas. Entre todos, lo consiguen y la piedra avanza. La práctica de la magia blanca es igual: una ayuda extraordinaria que te da impulso y te ayuda a conseguir cosas que por ti misma/o no podrías. Pero tú tienes que estar ya en pie intentando mover la piedra.

Quiero decir con esto que no puedes realizar un hechizo para encontrar el amor verdadero y encerrarte en tu casa. O caer en el pesimismo y en la negación después de haber invertido tu tiempo y tu energía en un ritual. Si quieres una pareja, debes actuar. Si quieres recuperar al ser amado, no puedes repetir errores del pasado y esperar que la magia los camufle. Si quieres atraer a una persona determinada, debes interactuar con él o ella, al menos saludarlo/a, no esperes que le caiga un rayo y repare en ti si no te conoce de antemano. Son cosas lógicas, pero que no está de más recordar.

¿Cuándo hará efecto?

Los hechizos no siempre dan resultados inmediatos. Cuando realizas un ritual, pones en marcha una maquinaria que depende de algunos otros elementos, como las interacciones que tengas con la otra persona o la llegada de las circunstancias propicias. Por lo general, se trata de un proceso gradual. Los efectos más rápidos los notarás en aquellos hechizos que involucran a personas que ya forman parte de tu entorno más inmediato.

Tranquila, tranquilo, funcionará. Lee las señales e interpreta los cambios de actitud de la otra persona hacia ti. Es el momento de aprovechar las circunstancias favorables que has conseguido con tus esfuerzos mágicos.

Debes saber que es importante, tras terminar tu ritual, mantener una actitud receptiva y sostener firmemente tu fe en los acontecimientos que van a llegar. Te recuerdo que de nada sirve que pongas en marcha un hechizo sin convicción o que tires la toalla en las horas posteriores, pensando que lo que has hecho no surtirá efecto. Recuerda que tu mente es infinitamente poderosa, e igual que te ayuda a conseguir tus objetivos te puede llevar al fracaso si boicotea tus intenciones.

¿Puedo realizarlos todos?

De nuevo debo contestarte que la fe es imprescindible en la práctica de la magia blanca. Por supuesto puedes hacer cuantos hechizos desees. Puedes invertir todo tu tiempo libre en rezar y preparar amuletos, pero de nada te servirá si no tienes una verdadera convicción. No puedes acumular rituales 'por si acaso', porque ese comportamiento anula por completo tu fe. Céntrate en uno y dale su tiempo. Si resulta que no ha sido el adecuado, siempre estás a tiempo de cambiar de técnica.

¿Y si me equivoco? ¿Puedo dañar a alguien?

Para dañar a alguien lo primero que necesitarías es una mala intención, una pretensión de herir o perjudicar y, desde luego, eso es algo que la magia blanca nunca te va a permitir. Además, todos los hechizos que encontrarás en este libro tienen que nacer de una sincera voluntad de hacer el bien para todas las personas implicadas.

Si lo que temes es hacer daño sin intención, puedes despreocuparte, no va a suceder. Si cometes algún error involuntario en la ejecución, ten por seguro que la energía se desvanecerá. Estos hechizos tienen un procedimiento seguro y bien definido, y si no se consigue su correcta realización, no tienen una repercusión negativa a ningún nivel.

¿Cómo termino los rituales?

Esta es una pregunta muy importante. Imagínate que terminas tu ritual y te encuentras con todos esos elementos que has utilizado y sin saber qué hacer con ellos. O que los tiras todos a la basura sin pensar y echas por la borda todo el trabajo realizado. No te preocupes, en cada hechizo te detallo qué hacer con los restos. Te adelanto que es una parte más del hechizo. En ocasiones, deberás enterrar algunos ingredientes. Busca siempre un lugar seguro donde desechar las cosas. Si no dispones de un campo cercano o un jardín, es mejor que escojas una maceta. A veces la conservarás y otras veces la tirarás a la basura.

Si te indico que deshagas un papel con agua, simplemente te estoy diciendo que destruyas su contenido sin destruir el papel de forma brusca. Es decir, sin rasgarlo. Cuando puedes tirar las cosas a la basura sin repercusiones, te lo detallo en las instrucciones del hechizo. Simplemente, síguelas; todo irá bien.

¿Tengo que hacerlo en una fecha clave?

Por lo general, los hechizos se realizan en cualquier momento del año, aunque hay fechas señaladas en las que los flujos de energía son mucho más potentes, como en los solsticios, las noches de luna llena, la noche de San Juan, la noche de los difuntos o las horas previas al año nuevo.

Sin embargo, también debes tener en cuenta tu momento ideal. Por lo general, los biorritmos del ser humano nos marcan que la tarde-noche es el momento en el que menos estrés tenemos, cuando ya hemos realizado todas las tareas importantes del día y nuestro organismo se dispone a descansar. No realices nunca un ritual cuando te notes nerviosa o nervioso, con inquietud o preocupación excesiva. Espera al momento idóneo, que será cuando tengas claridad mental, sosiego y un tiempo para el recogimiento.

En ocasiones algunos hechizos sí requieren un momento preciso, normalmente la noche o la medianoche, pero eso siempre te lo indicaré en las instrucciones. Puede suceder, como ya veremos, con la luna llena.

PARTE I

Hechizos para encontrar el amor

Buscas a tu alma gemela pero no hay nadie en el horizonte. Esperas desde hace tiempo a esa persona que te complete, te cuide y te acompañe... Sabes cómo quieres que sea tu pareja, pero aún no la conoces. No te preocupes, este es tu apartado. Aquí encontrarás los mejores y más efectivos hechizos para atraer hasta ti a tu ser deseado. ¿Cómo va a suceder? Fácil: a través de tu energía, la visualización y un poco de ayuda para abrir el camino que os una. Sólo necesitas cumplir un requisito previo: tener una idea lo más completa posible de lo que esperas y lo que deseas. Una vez te hayas hecho una imagen mental de tu alma gemela, ponte manos a la obra y da un giro a tu vida.

Ten en cuenta que el amor que te va a proporcionar tu llamada es un amor tranquilo, sencillo, fácil. Lo que es el verdadero amor, el que te hace florecer y reactiva tus ganas de vivir. Estos hechizos funcionan con relaciones no tóxicas, las que están predestinadas, el amor que conecta a dos verdaderas almas gemelas.

Hechizo de interiorización

Ya te he hablado de la importancia de tu estado a la hora de pedir cualquier cosa mediante magia blanca. Cuando vas a hacer un llamamiento al amor, tu mente y tu cuerpo deben estar receptivos. Ese es el primer paso y por eso este es el primer hechizo que te propongo. Sí, ya sé que te dije anteriormente que no es necesario que realices más de un hechizo, pero hago una salvedad para recomendarte que siempre, siempre, antes de pretender que llegue tu alma gemela, consideres la posibilidad de comenzar por este rito de interiorización para prepararte y dejar los caminos bien abiertos.

¿Qué necesito?

- Una vela de color rosa, no importa el tamaño
- Papel
- Lápiz rojo o negro
- Perfume, ambientador, difusor o incienso

¿Cómo lo hago?

Lo primero que necesitas es conseguir el estado de ánimo y el ambiente propicios para que la energía fluya. Para ello, busca un lugar tranquilo y que te resulte agradable, envuélvelo con un olor que te guste (para eso queremos el perfume, el incienso o el ambientador) y pon una luz tenue (puede ser una lámpara o velas, pero estas últimas que no estén a menos de un metro de ti y de donde vas a realizar el ritual con la vela rosa). Una vez tengas tu entorno adecuado, respira profundamente al menos tres veces, relájate y visualiza durante aproximadamente un minuto cómo quieres que sea tu vida en pareja.

Ahora es el momento de encender la vela rosa. Luego escribe en el papel tu nombre completo y déjalo al lado de la vela.

Cierra los ojos y pronuncia el siguiente enunciado: "Abro el camino al amor. Mi cuerpo y mi mente están preparados para recibir a la persona adecuada. Es el momento y por eso viene a mí".

Repite la oración al menos tres veces. Puedes hacerlo mentalmente o en voz alta, de esta última forma las palabras se fijan mejor en tu mente. Haz cuantas repeticiones desees de este mantra. Cuanto más lo hagas, mayor será la interiorización y la concentración de energía.

Cuando hayas terminado de recitar tu mantra, puedes apagar la vela o dejar que se consuma. Deshaz el papel en agua de manera que puedas tirarlo sin tener que rasgarlo.

Comprobarás que tu estado no es el mismo que antes de realizar el hechizo. Ahora eres una persona verdaderamente abierta al amor, al sentimiento puro y pleno que te hará disfrutar de una vida de felicidad.

Hechizo agua de miel

Ya te he hablado del poder endulzante de la miel. Es lo que vamos a utilizar en este hechizo. Conseguirás endulzar tus caminos para que la persona indicada se sienta atraída y llegue hasta ti con facilidad. Es muy similar al hechizo anterior, se diferencia en que en el hechizo de interiorización te concentras más en abrir los caminos y en este, en hacerlos atractivos.

¿Qué necesito?

- Una vela de color rosa, no importa el tamaño
- Papel
- Lápiz rojo o negro
- Un bote de cristal
- Agua
- Miel (una cucharadita de café)

¿Cómo lo hago?

Primero ten preparado el bote lleno de agua hasta la mitad con una cucharada de miel disuelta.

Igual que en el ritual anterior, vas a preparar tu cuerpo, tu mente y tu entorno para iniciar el hechizo. Busca el lugar adecuado y cómodo, prepara una luz tenue y relájate haciendo tres respiraciones profundas. Visualiza durante aproximadamente un minuto cómo quieres que sea tu vida en pareja.

Ahora escribe en el papel lo siguiente: "Abro el camino para que llegue el amor. Mi fuerza atrae hasta a mí a la persona adecuada que endulce mi vida. Es el momento y por eso ya viene".

Enciende la vela rosa y pronuncia la frase al menos tres veces. Puedes hacerlo mentalmente o en voz alta. Ya sabes que recitándolo de la segunda manera, la interiorización es mayor. Puedes repetir el mantra cuantas veces desees, notarás que, cuanto más lo hagas, mayor es el estado de relajación que alcanzas.

Cuando lo consideres adecuado, termina de recitar, dobla el papel donde has escrito la oración en cuatro partes e introdúcelo en el agua con miel. Ahora debes guardarlo durante tres noches cerca de tu cama.

Al cabo de tres días con sus tres noches, asegúrate de que el papel se ha deshecho. Si no es así, termina de deshacerlo para poder completar el rito. Debes tirar el agua y los restos del papel en un lugar adecuado, que debe ser un entorno natural, es decir, el mar o el campo. Puedes tirarlo junto a las raíces de un árbol enterrando los restos de papel, por ejemplo. Si vives en una ciudad y no tienes esa posibilidad, no te preocupes, puedes hacerlo igualmente en una maceta o en un jardín urbano, lo importante es que haya tierra o agua procedentes de la naturaleza.

Hechizo de los cuatro elementos

El agua, el mar, la tierra y el aire se conjuran en este hechizo para hacerte la persona más afortunada de este mundo en cuestiones de amor. No te faltará poder y fuerza para atraer a la persona adecuada cuando hayas terminado.

¿Qué necesito?

- Una vela de color rosa, no importa el tamaño
- Perfume, ambientador, difusor o incienso
- Papel
- Un sobre para cartas
- Lápiz rojo o negro
- Un vaso de cristal
- Agua
- Un puñado de tierra o arena
- Una hoja de laurel

¿Cómo lo hago?

En primer lugar, vamos a preparar el escenario para realizar el hechizo. Coloca la vela encendida en el centro, el vaso con agua a tu izquierda y el puñado de tierra a tu derecha.

Como en todos los hechizos, debes adecuar el entorno para tu comodidad. Enciende el incienso, el difusor o rocía el ambiente con el aroma que hayas elegido. En este rito es fundamental, ya que simboliza uno de los elementos de la Naturaleza (el aire). Busca una luz tenue.

Una vez listo el ambiente, vamos a prepararnos física y mentalmente: respira profundamente al menos tres veces, relájate y visualiza al menos durante un minuto cómo deseas que sea la persona que comparta tu vida y cómo esperas que sea tu vida en pareja.

Ahora escribe en el papel lo siguiente: "Deseo que la persona adecuada venga ya a mi lado para compartir mi vida. Los cuatro elementos están dispuestos para acoger sus pasos. Mi cuerpo y mi mente están preparados, el camino está abierto y por eso viene ya".

Repite el mantra al menos tres veces, mentalmente o en voz alta. Cuando sientas que tu estado es el adecuado, dobla el papel y métomelo en el sobre. Introduce junto al papel unas gotas del vaso, un poco de tierra o unos granos de arena y la hoja de laurel. Apaga la vela y pasa durante unos segundos el sobre sobre el humo que desprende. Cierra el sobre y guárdalo lo más cerca posible de tu cama. Puedes conservarlo cuanto quieras, pero al menos debe permanecer contigo 20 días.

Hechizo de la cuna

Este hechizo no solo te sirve para atraer a tu alma gemela. También es idóneo para aclarar tus ideas y saber qué es lo que realmente necesitas a tu lado. Precisa de una profunda reflexión previa y es certero porque vas a pedir un tipo de amor concreto.

¿Qué necesito?

- Papel
- Lápiz rojo o negro
- Un cuenco con agua

¿Cómo lo hago?

Prepara el cuenco con agua y disponte a crear el ambiente adecuado. Que tu cuerpo, tu mente y tu entorno favorezcan el flujo de energía. Busca un lugar tranquilo y cómodo, prepara una luz tenue y perfuma el ambiente con lo que desees. Relájate haciendo tres respiraciones profundas. Piensa durante aproximadamente un minuto cómo es la persona ideal con la que quieres compartir tu vida.

Ahora intenta plasmar lo que has pensado en un papel. Empieza de la siguiente forma: "El camino está abierto para que venga a mí mi destino. Él/ella es ... (escribe cómo quieres o como necesitas que sea tu pareja). Mi mente y mi cuerpo están preparados, y por eso viene ya".

Puedes adecuar el texto como quieras, lo importante es que englobe una idea completa de tu compañía de vida ideal.

Una vez lo hayas escrito, recítalo al menos una vez en voz alta. Si te apetece, puedes repetirlo.

Para terminar, dobla el papel e introdúcelo en el cuenco con agua. Coloca el cuenco con el papel y el agua bajo tu cama y déjalo ahí durante tres noches.

Una vez pasado ese tiempo, desecha el papel y el agua en un entorno natural: el mar, el campo, una maceta o un jardín.

Hechizo del cuarzo rosa

La piedra de Afrodita es el elemento clave en este hechizo que abre los caminos del amor. Ya hemos hablado de la enorme fuerza energética que tiene. Aprovéchala bien y, cuando hayas terminado, guarda tu amuleto como recordatorio de ese amor sincero pero pasional que va a sacudir (para bien) tu mundo en breve.

¿Qué necesito?

- Una piedra de cuarzo rosa
- Un hilo o cordón dorado
- Un trozo de tela rosa, roja o blanca, según tu preferencia
- Papel
- Lápiz rojo o negro

¿Cómo lo hago?

Prepara todos los elementos y colócalos en el lugar elegido para llevar a cabo tu ritual. Asegúrate de que sea un sitio tranquilo y agradable. Puedes poner música y perfumar con incienso o un difusor para lograr un ambiente más acogedor. Relájate realizando tres respiraciones profundas y haz los ejercicios de concentración y visualización.

A continuación, escribe en el papel lo siguiente: "Que este amuleto abra el camino para que llegue hasta mí el amor verdadero. Mi cuerpo y mi mente están preparados y por eso viene ya"

Coloca el cuarzo rosa sobre la tela y envuélvela formando un saquito que vas a cerrar con el hilo o cordón dorado.

Ahora recita al menos tres veces la oración que has escrito en el papel.

Lleva el amuleto siempre contigo y duerme con él cerca hasta que se cumpla tu deseo.

Ritual de San Antón

San Antón vela por las personas solteras y, en algunas culturas, tiene una estrecha relación con San Valentín. Es experto en ayudarnos a encontrar cosas perdidas, como el amor. Conságrate a él con este hechizo sencillo con el que, además, conseguirás elaborar un amuleto.

¿Qué necesito?

- Una vela blanca, suficientemente grande para poder escribir en ella
- Un alfiler o una aguja o cualquier elemento afilado
- Un plato blanco
- Pétalos de rosa
- Perfume o esencia de rosas
- Papel
- Lápiz negro o rojo
- Un saquito de tela roja o blanca

¿Cómo lo hago?

Primero coge todos tus materiales y ponlos en el que va a ser tu altar. Puede ser el suelo o una mesa, pero tiene que estar en un lugar tranquilo donde sepas que no te van a molestar. Ahora prepara el ambiente con una luz tenue, algo de perfume o incienso si lo deseas, y música, siempre y cuando no te impida concentrarte. Lo importante es que te encuentres en un espacio cómodo en el que te puedas relajar. Ahora comienza con las respiraciones: inspira tres veces profundamente hasta que notes tu cuerpo relajado.

Coge la vela con una mano y, con la otra, vas a grabar en el costado con la aguja tus deseos. Debes concretar lo que quieres, por ejemplo, "deseo encontrar a mi compañero/compañera de vida". Puedes grabar más cosas, eso queda a tu elección y a la capacidad que tengas para escribir en la cera de la vela.

A continuación, coloca la vela en el centro del plato. Pon los pétalos de rosa alrededor y rocía con unas gotas de esencia o perfume de rosas.

Ahora escribe en el papel lo siguiente: "San Antón, encuentra mi amor verdadero..." y sigues escribiendo todo lo que quieres. Ten en cuenta que debes usar siempre el lenguaje en positivo, así que no utilices la palabra "no" o enunciados negativos. La oración puede tener la extensión que quieras.

Coloca el papel con la oración debajo del plato. Ahora enciende la vela y concéntrate en tus deseos. Deja que se consuma más de la mitad y luego recupera el papel que has puesto debajo del plato. Quema el papel en la llama de la vela.

Recoge las cenizas, no importa que no puedas reunirlas todas, y ponlas junto con los pétalos de las rosas en el saquito de tela. ¡Guárdalo como tu amuleto más preciado!

Hechizo de las siete velas

El siete es uno de los números mágicos. De hecho, es un símbolo que comparten prácticamente todas las creencias. Siete es el número que divide los calendarios, sea cual sea tu país, y siete son, en casi todas las religiones, los días que tardó el creador en poder contemplar su obra. Usamos este número mágico para reunir todos los componentes que debe tener nuestra historia de amor.

Este es un hechizo muy sencillo en el que solo necesitarás velas. Cada uno de los colores simboliza una de las bondades que vas a pedir: el blanco de la pureza, el rosa del amor dulce, el rojo del amor apasionado y el dorado de la longevidad.

¿Qué necesito?

- Una vela blanca
- Dos velas rojas
- Dos velas rosas
- Una vela dorada

¿Cómo lo hago?

Este es un ritual que hay que hacer al atardecer, cuando queden algunas horas de luz. Como siempre, asegúrate de elegir un lugar tranquilo donde no te interrumpan. Crea un ambiente acogedor con perfume o incienso si lo deseas, y un poco de música siempre que te ayude a concentrarte.

Comienza a relajarte inspirando profundamente tres veces hasta que notes que tu cuerpo va soltando la tensión.

Ahora dedica al menos un minuto a visualizar cómo quieres que sea tu pareja y tu vida con él o ella. Cuando ya tengas la idea bastante clara en tu mente, procede a poner las siete velas juntas frente a ti y préndelas.

Con las velas encendidas, recita lo siguiente: "Amor puro, amor dulce, amor intenso, amor sólido. Yo abro el camino y por eso vienes ya. Gracias, gracias, gracias".

Deja que las velas se consuman y entierra los restos en tierra, ya sea un jardín o una maceta.

Hechizo del par

El amor es una sola alma que habita en dos cuerpos, dejó escrito Aristóteles. Con este hechizo vas a conseguir reunir esos dos cuerpos para que se conviertan en uno solo a través de la energía. Guárdalos representados en las dos rosas que te van a quedar de recuerdo.

¿Qué necesito?

- Una vela rosa
- Dos rosas rojas
- Un poco de azúcar
- Dos vasos o dos floreros con agua
- Una cinta o cuerda roja
- Un paño o servilleta
- Un libro o dos papeles de estraza

¿Cómo lo hago?

Prepara en una mesa los dos vasos o floreros ya con el agua. Pon en cada uno de ellos un poco de azúcar y deja el resto de elementos cerca.

Ahora esmérate en crear el ambiente adecuado. Que tu cuerpo, tu mente y tu entorno favorezcan el flujo de energía. Busca un lugar tranquilo y cómodo, prepara una luz tenue y perfuma el ambiente con lo que desees. Relájate haciendo tres respiraciones profundas. Piensa durante aproximadamente un minuto cómo es la persona ideal con la que quieres compartir tu vida y cómo te gustaría que fuera tu vida en pareja.

Cuando tengas el estado de relajación correcto y hayas visualizado tu futuro amoroso, enciende la vela. A continuación, pon una rosa en cada uno de los vasos o floreros que contienen el agua con azúcar.

Ahora recita lo siguiente: "Que seamos dos por tu senda. Que el camino quede libre. Mi mitad viene ya. Gracias, gracias, gracias". Repite al menos tres veces.

Puedes contemplar la vela y relajarte durante el tiempo que desees. Luego, apaga la vela, saca cada una de las rosas y seca el tallo que se haya mojado con el trapo o servilleta.

A continuación, une las dos rosas con el lazo o cuerda roja. Debes ponerlas juntas a secar, bien entre las páginas de un libro o en un papel de estraza con algún peso encima. Guárdalas como señal de tu éxito y bienestar amoroso.

Hechizo de menta

Para atraer el amor podemos ayudarnos de múltiples facilitadores o canalizadores de energía. En este hechizo vamos a usar uno de los elementos vegetales que podemos encontrar con facilidad en el supermercado y que tiene un enorme poder para, atraer el amor y, a la vez, alejar la soledad: las hojas de menta. Era una planta sagrada para Venus y fomenta las relaciones sexuales al ser afrodisíaca pero, a la vez, nos proporciona templanza y sensatez.

¿Qué necesito?

- Una vela roja
- Hojas de menta
- Papel
- Lápiz rojo o negro

¿Cómo lo hago?

Este hechizo es recomendable hacerlo en el dormitorio. Asegúrate de que nadie te va a molestar y prepara un ambiente agradable. Usa una luz tenue y pon música suave, siempre y cuando te ayude a relajarte. Ahora comienza a liberar tensiones concentrándote en tu respiración. Inspira profundamente tres veces y suelta el aire despacio. Debes notar cómo tu cuerpo se relaja y sientes la energía comenzando a fluir a tu alrededor. Una vez tu estado sea el adecuado, inicia la visualización: imagina cómo es la persona ideal con la que quieres compartir tu vida y cómo te gustaría que fuera la vida en pareja.

Tu cuerpo y tu mente están listos para encender la vela. Una vez encendida, toma el papel y escribe lo siguiente: "Que venga a mí un amor puro, duradero y (pon las cualidades que quieres que tenga ese amor, por ejemplo, apasionado, desinteresado, divertido,...). Con esta luz te guío para que veas el camino. Gracias, gracias, gracias".

Ahora toma las hojas de menta y debes pasarlas por tus labios. Frótalas durante algunos segundos. Luego, mantenlas en el puño cerrado de tu mano derecha. Con las hojas de menta en la mano, recita al menos tres veces lo que has escrito en el papel.

Cuando hayas terminado, vas a colocar las hojas de menta en el plato o soporte donde está la vela, justo en la base de esta. Deja que se consuma y, cuando termine, entierra todo en un jardín o una maceta.

Hechizo de ámbar

El ámbar es uno de los elementos de la naturaleza que más nos puede ayudar en la búsqueda del amor. Procede, como ya te dije, de resina vegetal y nosotros la vamos a usar en dos formatos: en una piedra preciosa y en incienso en grano. De esta forma nos aseguraremos de abrir un amplio canal para que fluya la energía y el camino hacia nuestra casa esté bien abierto para la llegada de ese ser amado.

¿Qué necesito?

- Una piedra de ámbar
- Incienso de ámbar en grano
- Pastillas de carbón para incienso
- Lápiz rojo o negro
- Papel
- Un saquito o una bolsita, preferentemente de color rojo, rosa o blanco

¿Cómo lo hago?

Antes de empezar a prepararte física y mentalmente, conviene que enciendas el carbón y coloques encima el incienso para que vaya llenando el ambiente. Recuerda que debes hacerlo con una cerilla o fósforo, nunca con un encendedor. Hazlo en un lugar tranquilo y cómodo, donde no te vayan a interrumpir.

Una vez tienes el incienso en marcha, es el momento de relajarse y visualizar. Respira profundamente al menos tres veces y siente cómo vas liberando tensión. Tu cuerpo estará listo cuando notes el flujo de la energía a tu alrededor. Cuando lo consigas, comienza a pensar en cómo quieres que sea la persona que va a llegar para compartir tu vida y cómo va a ser vuestra vida en común. Recuerda visualizar siempre en positivo, no utilices frases en negativo como "no quiero que...".

Cuando tengas clara la idea de lo que deseas para tu futuro, es el momento de comenzar el ritual con el resto de elementos. En un papel escribe una visión general de lo que acabas de visualizar. Hazlo en positivo y con seguridad. Puedes empezar de la siguiente manera: "El amor que esté en camino es puro y sincero. Con él viviré ... Me hace sentir..., etc." El texto puede tener la extensión que desees.

Ahora sostén la piedra de ámbar en tu puño derecho, mientras recitas o lees mentalmente, pero con firmeza, el texto. Hazlo cuantas veces te apetezca. Cuando hayas terminado, dobla el papel y pásalo dos o tres veces por el humo del incienso de ámbar.

Por último, introduce el papel doblado y la piedra de ámbar en el saquito. Mantenlo bajo tu almohada la primera noche y luego llévalo contigo.

Hechizo de los nudos de San Juan

La noche de San Juan es, junto con la del 31 de octubre cuando se celebra a los difuntos, una de las más especiales del año y también de las más propicias para realizar cualquier tipo de hechizo. Vamos a aprovechar la fuerza de esa madrugada mágica del 23 al 24 de junio para llevar a cabo este ritual que te asegurará el triunfo en el amor durante los meses venideros. Es, además, un procedimiento muy sencillo y que requiere muy pocos materiales.

¿Qué necesito?

- Una vela rosa
- Incienso de rosas
- Una cuerda verde de unos 20 o 25 centímetros

¿Cómo lo hago?

Antes de disponerte a realizar el hechizo, empápate de la magia de la noche única de San Juan. En una ocasión así es fácil sentir la magia y el flujo de energías, y el momento, sin duda, nos va a ayudar a multiplicar la efectividad de nuestro rito. Si vives en un lugar donde se celebra esta festividad, puedes realizar tu hechizo alrededor de una de las hogueras que se prenden esa noche, ya sea en la playa o en cualquier lugar apropiado para ello.

Si prefieres hacerlo en la intimidad, busca un lugar tranquilo y prepara el entorno para hacerlo acogedor con una luz tenue. En ambos casos vas a empezar encendiendo el incienso de rosas. Puedes utilizar una varita común de este incienso o el formato en grano que puedes quemar sobre un carbón apropiado para ello.

Luego enciende tu vela rosa y concéntrate en pensar cómo quieres que sea el amor que te va a llegar. Dedica varios minutos a la visualización y siente cómo tu cuerpo cambia y nota la energía en el ambiente. Con el incienso y la vela prendidos, toma el cordón verde y realiza siete nudos mientas recitas lo siguiente: "Por la fuerza de esta noche mágica yo atraigo hasta a mí al amor verdadero. Que San Juan mantenga el camino despejado. Gracias, gracias, gracias". Repite la frase con cada nudo.

Cuando hayas hecho los siete nudos, repásalos de nuevo uno a uno poniendo tus dedos sobre cada uno de ellos mientras repites mentalmente la frase. Cuando termines, apaga la vela. Puedes desecharla en una hoguera o guardarla. El cordón con los siete nudos debes guardarlo como un amuleto que deberás tener cerca de tu cama.

Invocación al Arcángel Chamuel

Los arcángeles son los siervos de Dios, algo así como su ejército celestial. Son perfectos e incorpóreos y cada uno de ellos tiene un cometido que llevar a cabo entre el cielo y la tierra. Hay controversia sobre el número de arcángeles existentes, y la interpretación depende de la creencia desde la que se aborde esta verdad de fe. En la mayoría de los casos, y si no nos ceñimos a un dogma religioso en concreto, se acepta un mínimo de siete.

De entre todos los guardianes celestiales, el encargado de las cuestiones del amor es el Arcángel Chamuel, por lo que entre sus misiones está la de fomentar el florecimiento de este sentimiento puro y desinteresado.

Se relaciona con el planeta Venus, el color rosa y, en algunas obras literarias, es identificado con Cupido. A él nos dirigiremos en esta invocación que pretende despejar los caminos para que el amor verdadero llegue cuanto antes a nuestra casa.

¿Qué necesito?

- Una vela rosa
- Una imagen del Arcángel Chamuel
- Incienso de rosa

¿Cómo lo hago?

En primer lugar, preparamos el cuerpo, la mente y el entorno para iniciar el hechizo y abrir los canales para que fluya la energía. Sitúate en un lugar adecuado y cómodo, donde te asegures que no te van a interrumpir. Prepara una luz tenue y, si lo deseas, pon una música suave. Prende el incienso de rosas y comienza los ejercicios de relajación haciendo respiraciones profundas. Siente cómo se aleja la tensión de tu cuerpo y puedes sentir la energía a tu alrededor.

Ahora es el momento de iniciar la visualización. Imagina tu vida en compañía del ser amado; construye con tu imaginación el aspecto y la forma de ser de tu alma gemela y proyecta situaciones que viviréis juntos. Es imprescindible que tengas una imagen lo más clara posible de lo que esperas.

Cuando estés preparada/o coloca la vela junto al incienso y préndela. Ahora coloca la imagen del Arcángel Chamuel frente a la vela. Toma el papel y el lápiz y escribe lo siguiente:

"Arcángel Chamuel, llamo a tu amorosa presencia y me abro a tí. Te pido que llegue a mi vida el amor deseado, que traiga bondad y esperanza y me tome la mano para avanzar por tus caminos predispuestos. Me encomiendo a tí y en tí encuentro la verdad. Que así sea".

Ahora vuelve a concentrarte, utiliza para ello la llama de la vela o la imagen del arcángel. Recita la oración en voz alta. Puedes repetirlo más veces si lo deseas, a medida que lo leas, sentirás cómo crece tu dimensión espiritual.

Una vez y des por terminada la oración, deja que se consuma la vela. Puedes guardar la imagen cerca de tu cama o llevarla contigo y dirigirte al Arcángel Chamuel siempre que quieras.

Invocación al Arcángel San Gabriel

El Arcángel San Gabriel es el mensajero de Dios, encargado de llevar las buenas nuevas de uno al otro lado. No es indispensable ser creyente en una determinada fe para realizar el hechizo, pues de lo que se trata es de utilizar la mediación de un símbolo para el flujo de peticiones. A través de esta invocación harás saber al cosmos qué es lo que esperas y también que estás preparada o preparado para recibir lo que reclamas.

¿Qué necesito?

- Una vela roja en un plato blanco
- Una imagen del Arcángel San Gabriel (puedes encontrar muchas en Internet)
- Una cinta roja
- Incienso de sándalo
- Papel
- Lápiz negro

¿Cómo lo hago?

Prepara todos los elementos en un lugar donde quieras crear tu altar. Debe ser un cuarto tranquilo, libre de interrupciones. En esta ocasión puedes tener una ventana abierta, aunque no es imprescindible.

Comienza relajándote mediante tu respiración. Concéntrate en tomar aire profundamente y expirar, pensando en todo momento en lo que esperas para tu futuro amoroso. Imagina tu vida en pareja y las cualidades de la persona que te va a acompañar.

Cuando notes que has alcanzado un buen estado de relajación y que has visualizado suficientemente lo que deseas, pon la imagen del Arcángel San Gabriel bajo el plato con la vela y enciende esta última.

A continuación, prende el incienso. Puede ser una barrita comercial, muy fácil de encontrar, pero es recomendable que uses un carbón con incienso de sándalo en grano porque es más intenso y tiene un olor más puro. Se trata de una contribución más eficaz a tu estado de concentración, pero la eficacia del hechizo es la misma.

Ahora toma la cinta roja y escribe en ella por una cara tres cualidades que quieres que tenga tu amante. Por la otra cara, escribe lo siguiente: "Peto caelum". Con esta frase latina simplemente estás pidiendo que se lleve tu petición al cielo.

Deja que la vela se consuma y guarda la cinta bajo tu almohada durante tres noches, en las que deberás encender durante al menos 15 minutos un poco de incienso de sándalo. Luego, puedes guardar la cinta como un amuleto.

Hechizo de Venus

En astrología, Venus es planeta del amor, así como de la belleza, del lujo y de la abundancia. Su origen está en la diosa romana del mismo nombre.

Representa el deseo, la pasión y la sensualidad y, por supuesto, es un influjo perfecto para ayudarnos a encontrar a nuestra alma gemela. El glifo o signo de Venus es lo que representa en las culturas occidentales a la mujer y la femineidad. En esta ocasión lo vamos a utilizar para conectar con la energía de este planeta, el segundo más cercano al sol. Su día de la semana es el viernes, y por eso para realizar este hechizo es necesario escoger esa jornada. Con este hechizo conseguirás que toda la energía del cosmos se alíe contigo para que los caminos que llevan al amor hasta ti estén completamente despejados.

¿Qué necesito?

- Una vela rosa
- Lápiz rosa
- Papel
- Un hilo o cordel rosa
- Esencia o perfume puro de rosas

¿Cómo lo hago?

Antes de la medianoche del viernes, prepara el lugar donde vas a llevar a cabo tu hechizo. Puedes poner música relajante y un incienso de rosa o vainilla. Disponlo todo para que te sea fácil relajarte. Comienza respirando profundamente y soltando la tensión acumulada en el cuerpo. Luego inicia el proceso de visualización y piensa en cómo quieres que sea tu pareja y la vida en su compañía. Debes tener una idea muy clara de lo que estás atrayendo a tu lado.

Cuando alcances el estado ideal, enciende la vela. Toma papel y lápiz y escribe lo siguiente: "Yo te reclamo, Venus, para que tu poder abra los caminos hacia mi corazón. Permite que llegue ya el ser amado que acompañará mis días. Que ese sea tu decreto. Gracias, gracias, gracias". Debajo dibuja el símbolo o glifo de Venus.

Ahora coloca la cinta de color rosa alrededor de tu muñeca izquierda y anúdala formando una pulsera. Toma unas gotas de esencia e impregna con ellas la cinta y tu muñeca. A continuación, toma el papel y recita la petición al menos tres veces, con convicción y concentrando toda tu energía en el diálogo con Venus.

Cuando hayas terminado deja que se consuma la vela. Deberás dejar que el cordel rojo de tu muñeca se caiga por sí mismo con el paso de los días y cada viernes renovarás las gotas de esencia de rosas sobre él.

Hechizo de Afrodita y Peito

La diosa Afrodita es la representación del amor y el placer sexual que nos ha legado la cultura griega clásica. Su equivalente romano es Venus. Afrodita es la madre de Peito, diosa de la persuasión amorosa. Con este hechizo vamos a replicar uno de los rituales más utilizados desde la antigüedad para realzar la belleza femenina y el poder de seducción. Es un hechizo que se realiza en dos partes: primero preparamos el cuerpo a la manera de los antiguos griegos y, en segundo lugar, nos centramos en la trascendencia espiritual.

¿Qué necesito?

- Leche de almendras
- Una cucharada de miel
- una rama de canela
- Esencia de vainilla o de lavanda
- Una vela roja
- Papel y lápiz rojo

¿Cómo lo hago?

Para la primera parte vamos a tomar la leche, la miel, la canela y la esencia de vainilla o lavanda y la vamos a verter en un cubo o un bol grande. Date un baño o ducha como lo haces habitualmente y termina vertiendo el contenido del bol sobre tu cuerpo. No te quites la poción, sécate sin arrastrar la leche con los ingredientes afrodisíacos.

Cuando hayas concluido esa primera parte, sitúate en un lugar tranquilo donde puedas relajarte sin ser interrumpida/o. Es el momento de conectar espiritualmente con las fuerzas divinas que van a interceder por ti. Comienza relajándote mediante la respiración. Inspira y expira profundamente y despacio, sintiendo como con cada exhalación sueltas la tensión acumulada en tu cuerpo.

Una vez hayas alcanzado el estado de relax y notes la energía que fluye a tu alrededor, comienza la visualización. Imagina tu vida en pareja con tu compañero/a ideal. Piensa en sus atributos, en la manera en que te va a tratar, las situaciones que vais a vivir juntos.

En el momento en el que ya tengas una imagen clara de lo que quieres, escríbelo en el papel. Comienza así: "Llega hasta mí una persona que me va a hacer sentir..." Añade todo lo que has visualizado antes.

Ahora enciende la vela. Siéntate frente a ella y lee tu petición, termina enunciando lo siguiente: "El camino está abierto. Que así sea". Deja que la vela se consuma. Destruye el papel con agua y deséchalo en la basura.

Puedes repetir este hechizo al cabo de unos meses.

Hechizo del Anahata

Anahata es el nombre del Chakra del Corazón, centro de energía de nuestro organismo y puerta de entrada para el amor. Se encuentra en el centro de nuestro pecho, a la altura del corazón, y debe permanecer abierto para que los caminos del ser amado hacia nosotros sean transitables. Con este hechizo conseguirás estimularlo y hacer una llamada al cosmos para que envíe a esa persona que tanto esperas.

¿Qué necesito?

- Un cuarzo rosa
- Velas en color de tu elección, salvo negras y amarillas

¿Cómo lo hago?

Este es un ritual muy sencillo en cuanto a elementos a utilizar pero que requiere un enorme poder de concentración y una relajación extrema para garantizar su éxito. Prepara un lugar cómodo y seguro, donde no vayas a sufrir interrupciones. Ten en cuenta que necesitas reservar para ti un tiempo mínimo de una hora.

Prepara el entorno encendiendo las velas que te apetezca, se trata de crear un ambiente acogedor que invite al recogimiento y la introspección. También puedes usar un incienso suave o un difusor de perfume y poner algo de música relajante, siempre y cuando te ayude.

Comienza respirando profundamente hasta que notes que la tensión sale de tu cuerpo. Luego comienza el ejercicio de visualización. Debes imaginar una vida plena de amor junto a una persona que te complemente.

A continuación, toma el cuarzo rosa y ponlo en el centro de tu pecho, a la altura de tu corazón. Continúa respirando profundamente mientras sientes el tacto de la piedra sobre tu cuerpo. Ahora recita repetidamente: "Yo abro mi cuerpo y mi mente al sentimiento más puro y elevado. Venga a mí el amor".

Repítelo todas las veces que quieras. Sentirás una inmensa sensación de paz mientras se abre tu chakra y la energía fluye a tu alrededor. Guarda el cuarzo rosa como amuleto, es uno de los mejores elementos canalizadores del amor.

Hechizo de hierbas amorosas

Las hierbas y plantas son, como ya te dije, un gran aliado a la hora de conectar con el cosmos y atraer buenas energías. Para este hechizo necesitas un buen número de ellas, cada una nos proporcionará un pilar para apuntalar nuestro ritual. Usaremos margaritas, la flor más buscada por las mujeres casaderas durante la historia. El romero, la albahaca y la lavanda desprenden aromas que atraen el amor y despiertan el deseo. El laurel refuerza la efectividad de cualquier hechizo y, por último, unas gotas de limón cargarán de buenas intenciones esta gran poción mágica.

¿Qué necesito?

- Dos o tres flores de margarita
- Una rama de romero
- Una flor de lavanda
- Dos o tres hojas de albahaca
- Una hoja de laurel
- El zumo de medio limón
- Un cazo para hervir agua
- Un colador
- Un vaso o cuenco
- Papel de cocina para secar
- Un pulverizador
- Un saquito blanco o rojo

¿Cómo lo hago?

Primero debes realizar una poción para tenerla disponible. En un cazo pon dos vasos de agua a hervir y, cuando esté en ebullición, introduce todas las hierbas y flores juntas. Añade el zumo de limón y baja el fuego para dejarlo cocer todo durante unos 10 minutos. Apaga el fuego y deja enfriar. Coloca una tapa encima para que la concentración sea mayor.

Utiliza el colador para sacar todas las plantas y depositarlas en un papel secante. Todas van a forma parte de un poderoso amuleto con el que terminaremos el ritual.

Cuando tengas tu caldo de hierbas, mételo en el difusor y dirígete a tu dormitorio con tus hierbas secas. Necesitarás asegurarte de que nadie te interrumpa en ese espacio durante al menos una hora.

Comienza ahora el proceso de relajación y visualización. Respira profundamente varias veces y suelta la tensión de tu cuerpo. Siente la energía fluyendo a tu alrededor mientras vas imaginando cómo es tu ser amado ideal y cómo será tu vida en pareja cuando llegue. Tómate el tiempo necesario.

Cuando sientas que tu cuerpo y tu mente están listos para hacer la petición, toma el difusor con tu poción y rocía tu cuarto, principalmente la cama y la ventana. Mientras lo haces, repite lo siguiente: "Este es tu sitio, amor ven a mí, mi camino está abierto". Puedes rociarte el cuerpo con la poción si lo deseas.

Ahora mete todas las hierbas en el saquito y deposítalo durante tres noches bajo tu almohada. Una vez pasado ese tiempo, mantenlo cerca de tu cama siempre. Tu dormitorio se ha convertido en un punto de atracción irresistible para las energías amorosas.

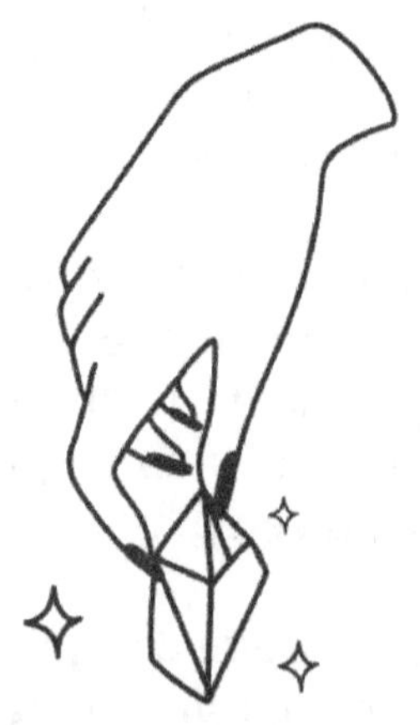

PARTE II

Hechizos para atraer a la persona amada

Los siguientes hechizos ponen a tu disposición toda la energía del universo para atraer a una persona concreta. En ocasiones se conocen como amarres, pero personalmente considero que ese término puede despertar connotaciones negativas y llevar a error.

Con estos rituales que te propongo no vamos a alterar el libre albedrío de una tercera persona ni a amarrarla en contra de su voluntad. Lo que conseguirás es que esa persona esté receptiva y predispuesta, y que se encamine a tí si eso es lo que está en el destino de ambos.

Son válidos tanto para atraer a una persona con la que aún no has tenido un vínculo sentimental como para recuperar a una expareja con la que aún te unen sentimientos.

Hechizo dorado

Una de las connotaciones del color dorado en magia blanca es el de la longevidad. Utilizado en una vela atrae la prosperidad y el éxito. En esta ocasión, combinadas con las velas rosas va a asegurar la buena marcha de las relaciones entre las dos personas representadas en el hechizo.

¿Qué necesito?

- Una vela dorada, no importa el tamaño
- Dos velas rosas
- Papel
- Lápiz rojo o negro
- Un trozo de tela blanca

¿Cómo lo hago?

Primero preparamos nuestro altar: coloca la vela dorada en el centro, y las dos velas rosas una a cada lado. Escribe en un papel tu nombre completo y en el otro el nombre completo de la persona amada. Coloca cada papel delante de una vela rosa: una vela simboliza tu persona y la otra representa a tu ser amado.

Ahora vas a preparar tu cuerpo, tu mente y tu entorno para iniciar el hechizo y abrir los canales para que fluya la energía. Busca el lugar adecuado y cómodo, prepara una luz tenue y relájate haciendo tres respiraciones profundas. Puedes poner un incienso, un difusor o pulverizar un perfume de tu gusto. Visualiza durante aproximadamente un minuto cómo quieres que sea tu vida junto a la persona a la que vas a atraer.

Ahora repite lo siguiente: "Aquí estamos (el nombre de la persona amada) y yo, estamos juntos y juntos permaneceremos. El camino está abierto, es el momento y por eso él/ella viene a mí".

Deja que las velas se consuman porque debes recoger los restos y envolverlos en la tela blanca. Cuando tengas el amuleto con los restos de las velas, guárdalo lo más cerca de tu cama, al menos por 20 días.

Hechizo rojo

Ya hemos hablado de la importancia del color rojo como símbolo del amor apasionado. Este hechizo es especialmente útil para conseguir la vuelta de una persona amada. Recuerda: siempre se respetará el libre albedrío y la voluntad del cosmos. Debéis estar destinados y la relación debe ser positiva para ambos. Si estás convencida/o, ¡adelante!

¿Qué necesito?

- Una vela roja, no importa el tamaño
- Una fotografía en la que aparezcas con el ser amado
- Perfume, incienso o difusor

¿Cómo lo hago?

En primer lugar, preparamos el cuerpo, la mente y el entorno para iniciar el hechizo y abrir los canales para que fluya la energía. Busca el lugar adecuado y cómodo, prepara una luz tenue y relájate haciendo tres respiraciones profundas. Para este ritual es importante que uses un aroma que te guste, porque necesitamos crear un ambiente que evoque, más que nunca, buenos recuerdos.

Cuando hayas alcanzado un buen estado de relajación, enciende la vela y toma en tus manos la fotografía en la que apareces con el ser amado. Ahora rememora durante al menos un minuto los mejores momentos que habéis vivido juntos. No te preocupes si te emocionas, eso significa que estás en el camino correcto. Deja salir tus emociones hasta calmarte y luego deja la foto frente a tí.

Ahora vas a visualizar durante al menos un minuto cómo quieres que sea tu vida con esa persona tras su regreso. Cuando termines, recita al menos tres veces el siguiente enunciado: "Hoy llamo de vuelta a (el nombre de

la persona amada), el camino está abierto y por eso viene
ya".
		Deja que la vela se consuma y guarda la foto cerca
de tu cama. Este hechizo lo puedes repetir al cabo de 7
días si es necesario.

Hechizo del hilo de atracción

El hilo o cuerda, en hechizos de amor, representa el vínculo que une a dos personas. En este caso ese vínculo va a ser la guía por la que la persona deseada llegue a tí. Los nudos de nuestro hilo recordarán los buenos momentos y los proyectos compartidos. Pon toda tu fe en este ritual y consigue restablecer el orden en tu vida amorosa.

¿Qué necesito?

- Una vela rosa, no importa el tamaño
- Papel
- Lápiz rojo o negro
- Un trozo de hilo rojo, también vale una cuerda del mismo color

¿Cómo lo hago?

Como hemos visto en los hechizos anteriores, en primer lugar es necesario preparar el cuerpo, la mente y el entorno para iniciar el ritual y que los canales de energía estén abiertos. Busca el lugar adecuado y cómodo, prepara una luz tenue y relájate haciendo tres respiraciones profundas. Puedes perfumar el ambiente con incienso, un difusor o el perfume que te guste.

Una vez hayas conseguido el estado óptimo, visualiza durante al menos un minuto cómo quieres que sea tu reencuentro y tu futuro con la persona deseada.

Enciende la vela y escribe en el papel el nombre de esa persona.

Ahora recita lo siguiente: "Un hilo rojo es la guía para que (el nombre de la persona amada) vuelva a mí. Un nudo se forma en su mente y hace que piense en mí. El camino está abierto y por eso viene ya".

Repite el mantra al menos tres veces, aunque puedes hacerlo cuanto desees.

Cuando hayas terminado, dobla el papel y envuélvelo con el hilo. Termina con un nudo. Ahora sella ese nudo sobre el papel con un poco de cera de la vela. Guarda ese amuleto lo más cerca que puedas de tu cama.

Hechizo de canela y miel

En este libro descubrirás varios hechizos de endulzamiento, y este es uno de ellos. El objetivo principal es el de mejorar la relación entre dos personas, sea del tipo que sea. En este caso el endulzamiento está dirigido a reunir a dos personas concretas que aún no han coincidido porque las circunstancias no han sido las adecuadas. Propicia que surjan entre ellos los sentimientos más profundos y sinceros.

¿Qué necesito?

- Un vaso de agua
- Una cucharada de canela
- Una cucharada de miel
- Papel
- Lápiz rojo o negro

¿Cómo lo hago?

Prepara el vaso con agua añadiendo la miel y la canela.

Asegúrate de generar el ambiente y el estado físico y mental adecuado para el flujo de energía. Busca un lugar tranquilo, usa perfume, incienso o difusor si lo deseas y consigue una luz tenue. Relájate realizando tres respiraciones profundas. Cuando notes que has alcanzado un buen estado de relajación, es el momento de comenzar el ritual.

Escribe en un papel tu nombre y el de la persona amada. Debajo de los nombres escribe estas líneas: "Es el destino que nuestros caminos se vuelvan a cruzar. Que la miel endulce su corazón. Que la canela nos una para siempre".

Recita el mantra al menos tres veces antes de doblar el papel. Ahora sumérgelo en el agua con miel y cane-

la y mantén el vaso debajo de tu cama durante tres noches. En el cuarto día deshazte de los restos del papel y del
agua en un entorno natural: la playa, el campo, un jardín
o una maceta.

Hechizo de jazmín

La flor del jazmín tiene un alto poder de relajación que ejerce a través de su perfume. Es una planta que estaba presente en casi todas las fiestas de las antiguas Grecia y Roma. También hay constancia de su existencia dentro de las tumbas de algunos faraones egipcios. Su esencia es uno de los regalos más preciados por las hadas y se utiliza como potente elemento de atracción para el amor. Aquí lo combinamos con la rosa para crear un amuleto irresistible.

¿Qué necesito?

- Una foto de la persona amada
- Un hilo rojo
- Un trozo de tela rojo
- Pétalos de rosa roja
- Perfume o esencia de jazmín
- Papel
- Lápiz rojo o negro

¿Cómo lo hago?

Encuentra tu lugar más adecuado, tranquilo y cómodo. Relájate respirando profundamente tres veces y, cuando estés en el estado más óptimo, comienza tu ritual.

En un papel escribe lo siguiente: "Este aroma te atrae a mí. El camino está abierto y por eso vienes ya. Que así sea"

Coge la foto de la persona amada y ponle una gotita de esencia o perfume de jazmín. Ponla sobre la tela roja (con ella vamos a crear un saco o sobre). Ahora añade los pétalos de rosa.

Con la tela, la foto y los pétalos frente a tí, recita lo que has escrito en el papel. Ahora dobla el papel y colócalo junto con todo lo demás sobre la tela roja. Envuelve la tela de manera que todo quede en su interior. Rodea el saco que has creado con el hilo rojo y haz un nudo o un lazo.

Lleva este amuleto contigo durante el día y, por la noche, colócalo bajo la almohada.

Hechizo del romero

El romero, una de las plantas mágicas por excelencia, se combina con la rosa en este hechizo que va a despejar el camino para que la persona que ames se acerque a ti. No te olvides de mantener tu amuleto cerca para recibir el influjo de sus vibraciones.

¿Qué necesito?

- Un saquito de tela blanca
- Hojas de romero
- Pétalos de rosa roja
- Papel
- Lápiz rojo o negro

¿Cómo lo hago?

Prepara todos los elementos y elige un lugar tranquilo. Crea un ambiente acogedor con una luz tenue y relájate haciendo tres respiraciones profundas para conseguir un buen flujo de la energía. Cuando consideres que ya tienes el estado físico y mental adecuado, puedes comenzar tu ritual.

Escribe en un papel el nombre completo de la persona amada. En otro papel, escribe lo siguiente: "El romero te muestra el camino, la rosa te amarra a mí".

Coloca en una bolsita el papel con el nombre de la persona deseada junto con las hojas de romero y los pétalos de rosa roja.

A continuación, recita un mínimo de tres veces la oración que has escrito en el papel. Cuando hayas terminado, introduce ese segundo papel en la bolsita o saco, asegurándote de que toque el romero y los pétalos de rosa. Puedes poner los dos papeles de forma que las hojas de flor queden entre ellos.

Ahora cierra el saquito y llévalo contigo como un amuleto. Por la noche, procura que esté cerca del lugar donde duermes.

Hechizo del imán

Este hechizo es útil para atraer a una persona concreta. Es muy sencillo y termina con la elaboración de un amuleto que será nuestro talismán atrayente.

¿Qué necesito?

- Una vela roja
- Un imán
- Dos hojas de Laurel
- Papel
- Lápiz rojo
- Un saquito

¿Cómo lo hago?

Prepara todos los elementos que vas a utilizar en un lugar tranquilo y cómodo. Coloca la vela en el centro, el imán a la derecha y el laurel a la izquierda. Escribe en el papel el nombre completo de la persona a la que quieres atraer y, debajo, su fecha de nacimiento. Colócalo debajo del imán.

A continuación, es necesario que prepares tu cuerpo y tu mente para abrir los canales por donde fluirá la energía. Baja la intensidad de la luz y puedes poner un incienso de rosa, vainilla o sándalo, un difusor o pulverizar un perfume de tu gusto. Lo importante es que haga que estés más cómoda/o.

Comienza haciendo respiraciones profundas y soltando la tensión. Concéntrate en visualizar lo que vas a pedir. Puedes imaginar a esa persona caminando hacia ti por un sendero o viviendo juntos situaciones que te gustaría experimentar. Mantente concentrada/o durante varios minutos.

Cuando hayas alcanzado un buen estado espiritual y tengas claro lo que quieres, enciende la vela, toma en tu mano el imán y el papel con el nombre de la persona a la que vamos a atraer y recita lo siguiente: "Yo te abro el camino y te tiendo mi mano. Ven cuanto antes por la gracia divina que me asiste. Que así sea".

Repítelo cuantas veces quieras mientras esperas a que se consuma la vela. Coloca el papel, el laurel y el imán en el saquito y llévalo contigo.

Hechizo del pie

Este es un ritual adecuado para conquistar a una persona difícil. Es muy sencillo, pero muy eficaz. Con él conseguirás que el ser amado venza cualquier obstáculo que se imponga él mismo o su entorno y esté bajo tu influencia. Recuerda que funcionará con seguridad si ese es el destino que te hará feliz.

¿Qué necesito?

- Una foto de la persona amada
- Lápiz rojo o negro
- Papel

¿Cómo lo hago?

Como en todos los rituales, asegúrate primero de buscar un lugar tranquilo y concéntrate en tu respiración, inspirando y expirando tres veces de forma que alcances un estado óptimo de relajación.

A continuación, escribe en un papel lo siguiente: "Nuestros caminos, el de (nombre de la persona amada) y el de (tu nombre) deben unirse. Pronto (el nombre de la persona amada) viene a mí, pues el destino así lo quiere".

Ahora pisa la foto con el pie izquierdo descalzo mientras recitas lo que has escrito en el papel. Repite la oración tres veces pisando la foto.

Hechizo de los sueños dulces

Durante el sueño podríamos decir que casi vivimos otra vida. Mientras dormimos salen a la superficie deseos y pensamientos que, en estado de alerta, permanecen ocultos. ¿Cuántas veces has vivido la sensación de despertarte con una inusitada claridad de mente cuando estás en duermevela o a primera hora de la mañana? Este hechizo aprovecha ese estado especial para reforzar el vínculo entre dos personas. Con él, serás el pensamiento de tu amado o amada durante la noche y su primer pensamiento al despertar.

¿Qué necesito?

- Un vaso de cristal
- Leche
- Azúcar blanco
- Papel
- Lápiz rojo o negro

¿Cómo lo hago?

Lo primero que necesitas, como en hechizos anteriores, es conseguir el estado de ánimo y el ambiente propicios para que la energía fluya de forma adecuada. Elige tu lugar adecuado, tranquilo y acogedor. Si lo deseas, envuélvelo con un olor que te guste con incienso, ambientador o perfume. Pon una luz tenue con velas, que estén apartadas de ti al menos un metro. Respira profundamente al menos tres veces, relájate y piensa en esa persona a la que vamos a invocar al menos durante un minuto.

Ahora escribe el nombre de esa persona en el papel y dóblalo hasta dejarlo en un pliegue pequeño. Llena el vaso de leche hasta la mitad. Añade dos cucharadas de azúcar blanco y, a continuación, introduce el papel con el nombre del ser deseado en el vaso con la leche y el azúcar.

Ahora recita lo siguiente: "Sueños dulces, amor verdadero. Estoy en tus sueños y te muestro el camino. Piensa en mí y ven pronto. Gracias, gracias, gracias".

Pon el vaso con leche durante toda la noche bajo tu cama. Al día siguiente desecha todo enterrándolo en una maceta o en un jardín.

Este conjuro está destinado a que la persona escogida no deje de pensar en ti. Sirve para conquistar con quien aún no has podido desarrollar un vínculo porque no se han confabulado las energías para ello. Pero también es útil si ya tienes a tu pareja o expareja y deseas recuperar o reavivar la llama de la pasión entre vosotros.

Hechizo de las ataduras

Aunque no vamos a utilizar hilos ni cordeles, este hechizo es idóneo para crear un vínculo con la persona amada difícil de deshacer. Vas a concentrar toda tu fuerza espiritual durante tres noches. A la cuarta, ya estará todo listo para recibir al ser amado.

¿Qué necesito?

- Una vela roja
- Perfume de rosas o de jazmín
- Papel
- Lápiz rojo o negro

¿Cómo lo hago?

En primer lugar, vamos a preparar el entorno adecuado. Busca ese lugar tranquilo donde nadie te moleste y hazlo acogedor, con luz tenue y, si lo deseas, para este ritual puedes poner un poco de música, pero siempre debe favorecer la concentración, ya que es importante la visualización para este hechizo.

Una vez listo el ambiente, vamos a prepararnos física y mentalmente: respira profundamente al menos tres veces, relájate y piensa al menos durante un minuto en la persona a la que quieres atraer. Imagina tu vida juntos o recuerda buenos momentos vividos si ya has estado con él o ella.

Escribe en un papel tu nombre y el de la persona amada, uno al lado del otro.

Enciende la vela y concéntrate durante aproximadamente un minuto en pensar en vosotros dos juntos.

A continuación, impregna unas gotas de perfume de rosas o jazmín en el papel. Espera que se seque mientras recitas lo siguiente: "El aroma te trae, el camino está abierto".

Ahora apaga la vela y guárdala. Mantén el papel bajo tu almohada durante tres noches.

Al cuarto día vuelve a encender la vela y quema el papel en su llama. Deposita las cenizas en el mar, en el campo, en un jardín o en una maceta.

Hechizo con ruda

La ruda es una de las plantas más utilizadas en magia blanca por su alto poder para concentrar energías. En este hechizo nos va a ayudar a que la persona que amas piense en ti y se abran los caminos hacia tu corazón. Se sentirá atraído o atraía inevitablemente hacia ti.

¿Qué necesito?

- Un puñado de ruda
- Papel
- Un lápiz rojo
- Miel
- Un cuenco
- Un sobre blanco

¿Cómo lo hago?

Prepara el lugar donde vas a realizar tu hechizo y a crear tu amuleto. Busca una habitación tranquila donde puedas poner algo de música que te ayude a concentrarte y un incienso o perfume que te haga sentir en paz. Haz tres respiraciones profundas y piensa en la persona que quieres atraer.

Ahora escribe su nombre en el papel con el lápiz rojo y debajo escribe el tuyo. Pon el papel en el interior del cuenco y esparce la ruda sobre él. Luego añade solo una gotita de miel.

Coloca los elementos frente a ti y continúa pensando con intensidad en esa persona. Ahora, recita lo siguiente: "Yo abro el camino para que (el nombre de la persona que deseas atraer) llegue rápido a mí. Nuestra unión está escrita". Mientras recitas el mantra, coloca todos los elementos en el sobre y ciérralo. Que el amuleto permanezca contigo siempre.

Hechizo de la moneda

Este hechizo vale tanto para atraer a una persona con la que aún no hayamos tenido relación como para recuperar el amor perdido. En esta ocasión utilizaremos de nuevo el poder facilitador del romero.

¿Qué necesito?

- Una moneda (del valor que desees)
- Una rama de romero
- Papel
- Lápiz rojo
- Un sobre

¿Cómo lo hago?

Coloca los elementos en ese lugar tranquilo que debes escoger cuidadosamente para que nadie te interrumpa. Busca una luz tenue que puedes conseguir con una lámpara o con unas velas que debes colocar al menos a un metro de donde estás realizando el ritual. Puedes perfumar el ambiente con lo que desees para tu mayor comodidad.

Ahora es el momento de concentrarse y visualizar. Primero te vas a relajar fijando la atención en tu respiración. Inspira profundamente al menos tres veces y siente la energía a tu alrededor. Cuando notes que tu estado es el adecuado y has soltado tensión, comienza a visualizar tu vida con esa persona y cómo sería si estuvierais juntos o si la recuperaras.

A continuación, escribe su nombre en el papel con el lápiz rojo. Dobla el papel dos veces. Una vez hecho esto, sostén el romero en la mano derecha y la moneda en la izquierda y, con esos elementos en tus manos, recita lo siguiente: "A mi lado está tu sitio. El camino está despejado y por eso vienes ya a mí. Gracias, gracias, gracias".

Ahora introduce el papel, la moneda y un poco de romero en el sobre. Ciérralo y ponlo durante tres noches bajo tu almohada. Cuando haya pasado ese tiempo, puedes guardar el amuleto entre tus cosas.

Hechizo de miel y luna

Este es uno de los hechizos sencillos, con pocos materiales, pero no por ello menos efectivo. La única premisa es realizarlo en luna llena o luna creciente, porque necesitamos su influjo. En este hechizo es igual de importante la concentración y la visualización aquí que en los rituales más complicados, así que esfuérzate en afrontar su elaboración para que tengas los resultados óptimos.

¿Qué necesito?

- Un tarro de cristal con tapa
- Miel
- Papel
- Lápiz rojo o negro

¿Cómo lo hago?

Prepara el ambiente adecuado, el cuerpo y la mente. Vas a buscar un sitio tranquilo y puedes perfumarlo con incienso y poner música si eso te ayuda a concentrarte. Ahora comienza las respiraciones profundas hasta que notes que liberas tensión y sientes los flujos de energía a tu alrededor. Cuando tu cuerpo esté preparado, comienza a visualizar: debes tener claro cómo quieres que sea tu futuro con la persona a la que vas a llamar. Piensa en él o ella, recuerda buenos momentos si los has tenido porque ya habéis estado juntos o imagina unos nuevos si aún no habéis sido pareja o amigos.

Cuando lo tengas claro, escribe su nombre completo en el papel y dóblalo. Ahora recita al menos tres veces lo siguiente: "Eres mi destino y el camino se abre para ti. Ven pronto. Que así sea".

Al terminar la oración, coloca el papel dentro del tarro de cristal. Derrama un poco de miel en el interior y ciérralo.

Ahora es el momento de buscar el influjo de la luna. Debes dejar el tarro en un lugar donde la luz de la luna actúe sobre él, un balcón o el alféizar de una ventana. Para este paso es importante que hagas el hechizo en luna llena o los días inmediatamente anteriores o posteriores. Debes dejar tu bote de cristal toda la noche bajo el cielo. Al día siguiente, recógelo y mantenlo bajo tu cama al menos 7 días. Luego puedes guardarlo o desecharlo enterrándolo en la tierra de un jardín o una maceta.

Hechizo rojo de San Juan

Ya hemos hablado de la fuerza que tiene la noche de San Juan para realizar cualquier tipo de hechizo o ritual. En esta ocasión vamos a aprovechar los flujos de energías que se concentran en las últimas horas del 23 de junio para atraer a una persona concreta que queremos que pase a nuestro lado el resto de la vida. Es importante que este ritual lo hagas antes de la medianoche.

¿Qué necesito?

- Dos velas rojas
- Papel
- Lápiz rojo
- Seis pétalos de rosa roja
- Seis pétalos de rosa blanca
- Una cazuela pequeña y agua
- Servilleta, pañuelo o papel de cocina
- Un cuenco o quemador

¿Cómo lo hago?

En primer lugar, debes tener preparado un vaso de agua de rosas que debes elaborar con tus propias manos. Durante todo el proceso, hasta que termines el ritual, debes estar concentrada o concentrado en esa persona a la que vas a atraer. Imagina tu vida con él o ella y fabrica en tu mente situaciones que vais a vivir juntos.

Para elaborar el agua de rosas simplemente debes meter los doce pétalos en una olla con agua y llevarlo a ebullición. Deja que el agua hierva durante unos cinco minutos y luego apaga el fuego y deja reposar. Cuando esté lo suficientemente frío, cuela el agua y ponla en un vaso. Aparta los pétalos y sécalos con una servilleta, un pañuelo o con papel de cocina. Quítales el agua sin dañarlos.

Cuando tengas lista tu agua de rosas, llévala junto con los pétalos al lugar elegido para realizar tu hechizo. Si vives en un lugar donde se celebra la noche de San Juan puedes hacerlo junto a una hoguera transportando el agua en un frasco cerrado, pero también puedes optar por la privacidad de tu hogar. Busca un sitio tranquilo y comienza a relajarte realizando respiraciones profundas. Al poco, comenzarás a notar que sueltas tensión y percibes la energía de esta noche mágica.

Cuando estés en el estado adecuado, enciende las velas y escribe en el papel el nombre completo de la persona deseada y, debajo, el tuyo. Ahora toma el agua de rosas y moja tus manos, deposita unas gotas en tu frente y en tus ojos, como si te estuvieras bendiciendo, y añade unas gotitas en tus labios. Deja que se seque el agua de las manos mientras sigues en estado de concentración.

A continuación, dobla el papel y sostenlo en tus manos junto con los pétalos de rosas, sin apretar. Ahora enuncia lo siguiente pensando en la persona a la que quieres atraer: "La fuerza de esta noche mágica te empuja a mí. San Juan permite que mi imagen inunde tu mente. Gracias, gracias, gracias". Puedes repetirlo cuantas veces desees. Cuando sientas que ya has enviado tu mensaje, aparta y reserva los pétalos. Prende el papel doblado con la llama de una de las velas y déjalo consumirse hasta que queden cenizas.

Cuando el papel se haya consumido, mezcla las cenizas con el agua de rosas. A la mañana siguiente deberás desecharlo en el mar, en el campo, en un jardín o en una maceta. Deja que las velas se consuman y coloca los pétalos de rosa bajo tu almohada. El día 24 de junio recoge los pétalos y guárdalos. Puedes secarlos en papel de estraza o usarlos para decorar algún cuenco o caja en tu dormitorio.

Hechizo de la séptima noche

Como puedes adivinar por su nombre, para este hechizo vas a necesitar siete noches. Está destinado a la recuperación de una persona que se ha separado de ti o que el destino no ha querido que repare aún en los lazos que os unen. Con este rito no solo demuestras al cosmos tu convicción y la intensidad de tu petición, sino que inviertes mucho tiempo en visualizar tu futuro y eso da mucha más fuerza a la energía que fluye a tu alrededor.

¿Qué necesito?

- Una vela roja, suficientemente grande como para que la puedas encender siete noches
- Un saquito rojo o blanco
- Pétalos de rosa
- Una cucharada de azúcar
- Una cajita de madera
- Papel
- Lápiz rojo

¿Cómo lo hago?

Debes comenzar un domingo. Destina a la realización de este hechizo un lugar que sepas que vas a poder utilizar las siete noches, y donde puedas relajarte y concentrarte. Pon una luz tenue y un poco de incienso de rosas si lo deseas. Lo importante es que sea un sitio cómodo y agradable para ti.

A continuación, comienza a respirar de manera profunda hasta que sientas que sueltas tensión y relajas el cuerpo. La mente debe estar ahora concentrada en visualizar el regreso de esa persona amada. Imagina cómo camina por un sendero hacia ti, proyecta situaciones que quieras vivir en su compañía, graba en tu mente la imagen de los dos juntos y felices.

Ahora enciende la vela y toma el papel y el lápiz. Escribe un resumen de lo que has visualizado. Puedes comenzar así: "(nombre de la persona amada) y yo permaneceremos juntos, unidos en el amor. Nuestra relación será hermosa y tranquila...". Escribe todo lo que quieras, cuanto mayor concreción, mejores resultados.

Lee lo que has escrito con la mayor concentración y, por supuesto, con convicción. Luego dobla el papel y métalo en el saquito. Añade los pétalos de rosa y un poco de azúcar. Mantenlo durante unos segundos junto a tu corazón mientras piensas en lo feliz que serás con tu ser amado.

Ahora puedes apagar la vela y guardarla junto con el saquito. Puedes poner las dos cosas en la caja, pero si la vela es demasiado grande, déjala fuera. El saquito sí debe permanecer en la caja. Puedes guardarlo todo en un armario, en un cajón o bajo la cama.

La segunda noche vuelve a sacar la vela y el saquito. Prende la vela, abre el saco y toma el papel con tu escrito. Ten cuidado de no sacar todo el azúcar del saquito. Si se pierde mucha, puedes añadir más sin problema. Ahora vuelve a leer lo que escribiste el día anterior con convicción, concentrada o concentrado en lo que deseas. Permanece un rato en estado de meditación y luego apaga la vela. Vuelve a guardar todo de la misma forma que la primera noche.

Este ritual lo vas a repetir durante siete noches, hasta el sábado. En la mañana del domingo toma la vela y deséchala enterrándola en una maceta o en un jardín. El saquito debe permanecer contigo como un amuleto.

Hechizo de invocación a Afrodita

En este hechizo el protagonista serás tú y tu cuerpo. Lo cierto es que es una invocación pensada principalmente para mujeres, pero puede ser realizada por un hombre siempre y cuando se haga con fe y convicción. Es un llamamiento a Afrodita, la diosa del amor y la sexualidad de la que ya hemos hablado, y se utiliza para atraer a una persona en concreto.

¿Qué necesito?

- Incienso de sándalo
- Miel
- Aceite de rosas
- Canela
- Un grano de pimienta
- Papel y lápiz

¿Cómo lo hago?

Para este hechizo estarás más cómoda o cómodo en una bañera, pero solo si vas a ser capaz de concentrarte en ese lugar. Si no, es mejor que escojas una habitación donde estés en tranquilidad, libre de interrupciones. El primer paso es tomar un baño o ducha. Puedes seguir el ritual en ese lugar o trasladarte a otro cuarto.

Una vez el agua ha limpiado tu cuerpo, concéntrate en despejar la mente. Inicia respiraciones profundas mientras piensas en la persona a la que quieres atraer y lo felices que seréis juntos. Cuando sientas que comienzas a soltar tensión, enciende el incienso de sándalo.

Ahora toma el papel y escribe: "Poderosa Afrodita. Que tu gracia, tu sabiduría y tu poder se derramen sobre mí y me sublimen. Yo soy una fuerza atrayente del cosmos y (nombre de la persona amada) viene a mí y junto a mí permanece".

Cuando lo tengas escrito debes desnudarte. Vas a untar parte tu cuerpo con los elementos que has preparado. Coloca un poco (solo un poco, no es necesario poner una gran cantidad) de miel en el interior de tus muñecas. A continuación, toma el aceite de rosas y coloca un poco detrás de las orejas, en la base del cuello y en tus ingles. Ahora toma un poco de canela y ponla en la base del cuello, sobre el aceite de rosas que has colocado allí.

Sostén el grano de pimienta en la mano izquierda y el papel que has escrito en la derecha. Recita la oración cuantas veces quieras.

PARTE III

Hechizos para mantener y reavivar el amor

Una relación es como un ser vivo. Tiene su propia evolución y es normal que, al cabo de un tiempo compartiendo nuestra vida con otra persona, nos encontremos con que las cosas no son exactamente iguales que antes. Hay cosas que cambian porque debe ser así y lo hacen a mejor, como la confianza y la complicidad que se establece entre las dos personas. Otras, simplemente, se desgastan. Entre estas últimas está la pasión, el deseo, la diversión o las ganas de innovar. También se puede resentir la confianza y la seguridad.

Para todas estas cuestiones encontrarás remedio en los siguientes hechizos. Ponte manos a la obra y recupera el amor en todo su esplendor.

Hechizo de dulzura

De nuevo nos encontramos con la miel, y es que no hay mejor elemento para reparar o reforzar una relación que la dulzura. Con este hechizo ambos os vais a diluir en miel hasta que seáis uno solo.

¿Qué necesito?

- Una vela de color rosa, no importa el tamaño
- Un vaso con agua
- Miel (una cucharadita de café)
- Papel
- Lápiz rojo o negro

¿Cómo lo hago?

Prepara el vaso de agua con la cucharada de miel disuelta en él.

Como en todos los hechizos, es imprescindible preparar el cuerpo, la mente y el entorno para iniciar el ritual y que los canales se abran adecuadamente. Busca un lugar tranquilo y cómodo, con luz tenue y perfuma el ambiente con incienso, perfume o un difusor si te apetece. Relájate haciendo tres respiraciones profundas.

Enciende la vela y visualiza durante aproximadamente cómo quieres que sea el futuro con tu pareja.

Ahora escribe en el papel lo siguiente: "Que el universo proteja nuestro amor, que será feliz, dulce, sólido y duradero. Los caminos de (nombre de la persona amada) y de (tu nombre) son un solo camino"

Repite el mantra al menos tres veces. Cuanto más lo repitas, más fuerte será la convicción y más fluida la energía.

Deja que la vela se consuma y dobla el papel en cuatro partes. introdúcelo en el vaso con agua y miel y deja que se disuelva durante al menos tres días. Una vez transcurrido ese tiempo, tira el agua y los restos del papel

en un entorno natural: el mar o el campo. Puedes enterrarlo en una maceta o en un jardín, lo importante es
que se integre con algún elemento de la naturaleza.

Hechizo de pasión

Mantener la pasión es importante en una relación de pareja. Hay muchos factores que pueden debilitarla, pero todos pueden ser neutralizados con este hechizo. Adelante, recupera ese impulso que os arrojó en su día a uno en brazos del otro.

¿Qué necesito?

- Una vela de color rojo, no importa el tamaño
- Papel
- Lápiz rojo o negro
- Una bolsita o un saquito
- Dos hojas de laurel

¿Cómo lo hago?

En primer lugar, prepara tu altar colocando una vela roja en el centro, el saquito con las dos hojas de laurel a la izquierda y un papel con tu nombre y el nombre de la persona amada a la derecha.

Ahora ya sabes que debes preparar el cuerpo, la mente y el entorno para que la energía fluya lo mejor posible. Busca un lugar tranquilo y envuélvelo de una luz tenue. Puedes colocar incienso, un difusor o perfumar el ambiente. Haz tres respiraciones profundas y alcanza el estado adecuado de relajación.

A continuación, enciende la vela y visualiza durante un minuto cómo quieres que sea el futuro con la persona amada. Recuerda momentos felices y construye en tu mente situaciones que quieres vivir en adelante.

Ahora repite lo siguiente: "Que el amor que nos une a (el nombre de la persona amada) y a mí sea sólido y duradero. Que el fuego vuelva a nosotros. Nuestros caminos están unidos para siempre". Recita al menos tres veces, aunque puedes repetir cuanto desees.

Recoge y dobla el papel e introdúcelo en la bolsa con las hojas de laurel. Deja que la vela se consuma y guarda el amuleto cerca de tu cama. Este hechizo lo puedes repetir un par de veces al año.

Hechizo Siempre Juntos

Cuando emprendemos una relación es para toda la vida. Si temes que tu relación se termine o tienes la certeza de que está a punto de quebrarse, no tires la toalla sin poner en práctica antes este hechizo. También lo puedes realizar si quieres asegurarte de que nunca pasarás por una separación.

¿Qué necesito?

- Una vela de color rojo, no importa el tamaño
- Un tarro de cristal con tapa
- Una fotografía en la que salgáis juntos tu pareja y tú
- Pegamento
- . Pétalos de rosa

¿Cómo lo hago?

Antes de iniciar el ritual, prepara el cuerpo, la mente y el entorno de forma que la energía tenga un buen tránsito. Elige un lugar tranquilo, pon tu aroma favorito y respira profundamente tres veces hasta que comiences a relajarte.

Ahora toma la fotografía en la que estáis juntos, dóblala de manera que las imágenes de ambos queden juntas y pega los bordes con el pegamento.

En el fondo del tarro de cristal, pon primero los pétalos de rosa, luego la fotografía doblada y, finalmente, la vela roja asegurándote de que quedará en pie.

A continuación, prende la vela. Si no se mantiene en pie puedes levantarla y poner un poco de cera en el fondo, sobre la fotografía, para que se quede pegada.

Una vez que tengas la vela encendida y consumiéndose en el tarro, recita lo siguiente: "Nuestros destinos están unidos. Tenemos un porvenir lleno de amor y dicha. Que esta vela selle nuestra unión para siempre".

Deja que la vela se consuma en el tarro sobre los pétalos y la fotografía. Cuando termine, cierra el tarro y guárdalo en un lugar seguro.

Hechizo de las tres velas rojas

Dulzura, amor y pasión es lo que conseguirás reforzar con este hechizo de las tres velas rojas. Vas a calentar el corazón de tu pareja con el calor del sol.

¿Qué necesito?

- Tres velas de color rojo, no importa el tamaño
- Un tarro o cuenco de cristal o cualquier otro material que no sea plástico
- Una prenda íntima de tu ser amado
- Miel
- Papel
- Lápiz rojo

¿Cómo lo hago?

Ten todos los ingredientes preparados en el lugar que has elegido para realizar el hechizo. Asegúrate de que es un espacio tranquilo y acogedor, donde puedas llegar a relajarte y concentrarte. Respira profundamente tres veces hasta que comiences a sentir que tu cuerpo y tu mente están preparados para empezar el ritual.

Coloca las tres velas rojas alrededor del cuenco o envase que has elegido. Escribe en el papel con el lápiz rojo tu nombre y el de la persona amada. Coloca en el cuenco la prenda íntima, a continuación, el papel con los nombres y, por último, rocía todo con un poco de miel.

Prende las velas y recita lo siguiente: "El camino de (nombre de la persona amada) está unido al camino de (tu nombre). Dulzura, amor y pasión, bendice esta unión para siempre". Deja que las velas se consuman toda la noche y, a la mañana siguiente, pon la prenda al sol durante al menos tres horas.

Ahora guarda la prenda bajo tu cama durante tres noches. Puedes envolverla en otra tela. Al cabo de ese tiempo, puedes lavarla y guardarla: el hechizo ya está terminado.

Hechizo de colores

El desgaste es normal en las parejas. Es útil renovar algunos aspectos de vez en cuando para que la convivencia goce de buena salud. Entre los vínculos más importantes que hay que cuidar se encuentran el respeto, la ternura y la pasión. También es fundamental recuperar la diversión si esta se ha perdido. Con este hechizo podrás darle una nueva vida a tu relación reavivando su salud. La mezcla de colores te garantiza la vuelta del juego y el coqueteo entre vosotros.

¿Qué necesito?

- Cinco velas de cinco colores distintos. Puedes escoger cualquier color menos negro y amarillo.
- Una cinta roja
- Miel
- Papel
- Lápiz negro o rojo

¿Cómo lo hago?

Lo primero, como en todos los hechizos, es conseguir el estado de ánimo y el ambiente propicios para que la energía fluya. Para ello, busca un lugar tranquilo y que te resulte agradable y pon una luz tenue (recuerda que puede ser una lámpara o velas, pero estas últimas que no estén a menos de un metro de ti y de donde vas a realizar el ritual con las velas de colores). Una vez tengas tu entorno adecuado, respira profundamente al menos tres veces, relájate y visualiza durante aproximadamente un minuto cómo quieres que sea tu futuro con tu pareja.

Pon las cinco velas juntas, apagadas aún, y átalas con la cinta roja. A continuación, deja caer unos hilos de miel sobre ellas.

Ahora escribe en el papel lo siguiente: "Luz y dulzura, amor y pasión. (tu nombre y el de la persona amada) juntos para siempre. Que así sea".

Enciende las cinco velas y repite la oración que has escrito al menos tres veces. Ya sabes que cuánto más la repitas, más fuerte será la visualización.

Deja que se consuman las velas y desecha los restos enterrándolos en una maceta o un jardín.

Hechizo del roble

Un buen símbolo de dureza, estabilidad y fuerza es un roble. Convierte tu relación en algo tan fuerte como uno de estos árboles siguiendo este sencillo hechizo. Con él combinas lo robusto de la madera y lo dulce de la miel.

¿Qué necesito?

- Una caja de madera
- Una fotografía en la que salgáis juntos tu pareja y tú o una de cada uno
- Pétalos de rosa
- Miel
- Un pincel (opcional)

¿Cómo lo hago?

Prepara el lugar donde vas a realizar tu hechizo y a crear tu amuleto. Busca ese entorno tranquilo y acogedor donde sabes que no te van a interrumpir. Pon una luz tenue, perfuma con tu aroma favorito y pon algo de música que te ayude a relajarte. Haz tres respiraciones profundas y comienza la visualización: imagina cómo quieres que sea tu relación con la persona amada en adelante. Haz tus peticiones concretas: seguridad, pasión, entendimiento, etc.

Ahora es necesario pegar las imágenes con miel. Si vas a utilizar una fotografía en la que estéis juntos, dóblala a la mitad. Si vas a utilizar una de cada uno, enfréntalas de forma que quedéis pegados. Unta un poco de miel a modo de pegamento, para eso puedes usar el pincel o bien puedes aplicar unas gotas con el dedo.

A continuación, introduce en la cajita de madera los pétalos de rosa y, sobre ellos, la fotografía con la miel. Cierra la caja y pon tus manos sobre ella.

Con las manos sobre la caja, recita: "Lo que está unido que permanezca unido. Nuestros caminos están pegados y sellados". Hazlo al menos tres veces.

Guarda la caja como un amuleto, lo más cerca posible de tu cama. Es un hechizo que no es necesario repetir en los meses siguientes, pero puedes renovarlo al cabo de un año.

Hechizo del sello

Este es un hechizo similar al del roble y el de la dulzura, pero muy sencillo y utilizando esencia de rosas para crear un amuleto que querrás llevar siempre contigo. Está especialmente destinado a conseguir la reunión de dos examantes o la recuperación de esa relación que parece dar sus últimos coletazos. Evita la ruptura y reconduce vuestra vida en común.

¿Qué necesito?

- Una vela rosa
- Una foto tuya y otra de la persona deseada
- Esencia o aceite de rosa
- Un saquito blanco o rojo

¿Cómo lo hago?

Comienza preparando el lugar donde vas a llevar a cabo el hechizo, en ese lugar tranquilo que eliges para que no te interrumpan y te puedas concentrar. Pon música relajante si te apetece y un incienso o difusor con perfume. Ahora inicia las respiraciones profundas y sigue hasta que notes que sueltas la tensión acumulada. Sigue inspirando y expirando de forma lenta mientras piensas en esa persona que quieres que vuelva a tu vida. Imagina las situaciones que quieres vivir en su compañía.

Cuando sientas cómo fluye la energía a tu alrededor, significará que tu cuerpo y tu mente están listos para ponerte manos a la obra. Enciende la vela sin dejar de visualizar tu futuro feliz junto a la persona amada.

Ahora toma las dos fotografías y pon una gota de la cera de la vela que te va a ayudar a pegar los dos retratos. Por tanto, debes dejar caer la cera en una o dos de las caras y ponerlas enfrentadas, de manera que permanezcáis juntos.

A continuación, toma la esencia de rosas y deja caer unas gotas en las fotografías pegadas con la cera.

Mantenlas en tus manos mientras enuncias lo siguiente: "Dulzura y pasión, regreso y paz. Yo abro el camino y te llamo para que acudas ya. Que así sea".

Ahora mete las fotos en el saquito y ciérralo mientras dejas que la vela se consuma. Impregna el saquito con algunas gotas más de la esencia de rosas. Ese será tu amuleto que asegure la vuelta del ser amado. Si lo deseas, puedes renovar el olor a rosas y reforzar la unión impregnando unas gotas de esencia en el saco cada dos o tres semanas.

Hechizo del corazón de manzana

Este hechizo es indicado para propiciar un nuevo comienzo con tu pareja. Se suele utilizar cuando ha habido algún conflicto importante, una ruptura o una mala racha que parece no terminar. En este rito se simboliza la ruptura con un pasado que no ha sido el deseado y la reparación de lo roto para un futuro próspero y feliz entre dos personas.

¿Qué necesito?

- Una vela rosa
- Una manzana
- Un cuchillo
- Papel
- Lápiz rojo
- Un hilo rojo

¿Cómo lo hago?

Coloca todos los elementos en el lugar donde vas a realizar el hechizo. Ya sabes que debe ser una habitación tranquila, donde sepas que no te van a interrumpir y donde te puedas relajar y concentrar. Acomódalo todo a tu gusto, con tu perfume favorito, una luz suave y algo de música si te ayuda a concentrarte. Ahora comienza con las respiraciones: inspira tres veces de manera profunda.

Cuando tu estado físico y mental sea el adecuado, comienza a visualizar tu futuro con la persona amada. Piensa en planes que te gustaría hacer, en cómo quieres que sea vuestra relación y en momentos que quieras vivir junto a esa persona. Haz este ejercicio al menos durante un minuto. Cuando comiences el hechizo, debes tener claro lo que esperas del futuro en su compañía.

Ahora es el momento de encender la vela. Escribe en un papel tu nombre y el nombre de la persona amada y dóblalo en dos. Con el cuchillo, parte en dos la manzana y pon el papel entre las dos mitades. Coge el hilo rojo y envuelve la manzana de manera que no se separen las dos mitades.

Cuando la manzana con el papel en el corazón esté asegurada, recita frente a la vela lo siguiente: "Lo que fue se renueva, seguirá siendo en la paz y el amor. Un solo corazón con dos mitades unidas". Repítelo al menos tres veces.

Cuando hayas terminado la oración, apaga la vela y debes introducir la manzana en el horno o en el microondas. No es necesario que la cocines, solo debes conseguir un poco de calor. Cuando termines, entierra la manzana en una maceta.

Hechizo de luz de luna

Este hechizo debes comenzarlo con la luna llena y se extenderá durante tres noches. De nuevo la luna nos presta su ayuda para multiplicar la energía y conseguir nuestro objetivo.

¿Qué necesito?

- Dos velas rosas o rojas
- Dos platos para poner bajo las velas
- Un alfiler, aguja o elemento afilado que te permita grabar en las velas.
- Una cinta o hilo grueso rojo
- Pétalos de rosa
- Esencia de jazmín
- Hojas de cilantro

¿Cómo lo hago?

Prepara un lugar tranquilo donde nadie te interrumpa. Usa una luz tenue y dispón todo para que puedas trabajar y concentrarte de forma cómoda Puedes poner algo de música si te ayuda a relajarte. Ahora comienza con las respiraciones: inspira tres veces de manera profunda hasta que sientas que has soltado la mayor parte de la tensión.

Cuando tu estado físico y mental sea el adecuado, visualiza cómo quieres que sea tu relación con la persona que deseas atraer.

Coge las dos velas y graba con la punta afilada en una tu nombre y en la otra el nombre de la persona amada. Hazlo en sentido vertical y de arriba hacia abajo. Pon cada vela en su plato y coloca alrededor de ellas unos pétalos de rosa, unas hojas de cilantro y, sobre todo eso, unas gotas de la esencia de jazmín.

Ahora toma la cinta o el hilo rojo y rodea las dos velas. Termina formando un lazo o un nudo bien asegurado.

A continuación, recita en voz alta lo siguiente: "Yo y (el nombre de la persona amada) estaremos juntos durante muchas lunas llenas. El camino está abierto y su luz le guía a mí. Que así sea".

Cuando lo hayas hecho, apaga las velas, ya sabes que no debe ser soplando sino con un apagador o un vaso. Guarda todo bajo la cama o en un lugar seguro.

Durante las dos noches siguientes, vuelve a sacar las velas y a encenderlas antes de recitar la oración de la luz de luna. La última noche deja que las velas se consuman y entierra los restos en una maceta o jardín.

Hechizo del nudo

Si lo que buscas es reforzar el vínculo con tu pareja lo puedes conseguir mediante este hechizo, destinado a reforzar la unión entre ambos a través de un nudo de energía que hará que resistáis juntos los posibles obstáculos que puedan sobrevenir. Es un ritual que se puede hacer tanto en una pareja que tiene desavenencias como en una que está en un buen momento, para asegurar que eso siga siendo así.

¿Qué necesito?

- Dos velas rojas
- Una foto con tu pareja o una de cada uno
- Papel
- Un lápiz rojo
- Un saquito o bolsita blanca o un sobre pequeño.
- Una cuerda o hilo rojo
- Un cuenco o un quemador

¿Cómo lo hago?

Comienza eligiendo el lugar adecuado. Allí donde nadie te moleste, pon una luz tenue, algo de música que ayude a tu concentración y perfuma el ambiente si así lo deseas. Relájate respirando en profundidad tres veces o las que necesites, hasta que sientas que sueltas tensión y la energía fluye a tu alrededor.

Ahora dedica al menos un minuto a visualizar momentos felices con tu pareja. Pueden ser instantes ya vividos o situaciones que te gustaría compartir con él o ella.

Cuando sientas que es el momento adecuado, enciende las dos velas sin dejar de pensar en los aspectos positivos de tu relación y en un futuro feliz juntos. Escribe en un papel vuestros nombres junto a vuestras fechas de nacimiento.

Ahora es el momento de colocar las fotos. Si es una en la que estáis juntos, dóblala de manera que vuestros rostros se toquen. Si son dos, enfréntalas de manera que quedéis juntos también. Ahora únelas al papel, rodea todo con la cuerda o el hilo rojo y haz un nudo muy fuerte.

A continuación, prende el paquetito hecho con las fotos en una de las velas y deja que se consuma en el cuenco. Apaga la vela con un apagador o un vaso. Recoge las cenizas del cuenco y mételas en el saquito o el sobre. Este deberá estar cerrado y permanecer al menos durante un mes debajo de tu cama.

Hechizo de renovación

Si tu relación pasa por un bache o una mala racha, con muchas diferencias y discusiones, con este ritual vas a conseguir dejar atrás esos problemas. Es un hechizo que se hace en dos tiempos: primero vamos a eliminar lo negativo y, cuando esté liquidado, vamos a invocar lo positivo.

¿Qué necesito?

- Una vela negra
- Papel
- Un lápiz negro y uno rojo
- Un saquito o bolsita blanca, también puedes usar un sobre pequeño.
- Pétalos de rosa
- Un cuenco o un quemador

¿Cómo lo hago?

Como en todos los rituales, debes preparar tanto el entorno como tu cuerpo y tu mente para que la energía fluya de forma correcta. Elige una habitación tranquila y con una ventana. En esta ocasión también puedes poner algo de música que te ayude a relajarte. Comienza respirando en profundidad tres veces y cuando sientas que has soltado tensiones, comienza a meditar. Vas a reflexionar sobre aquellos aspectos que van mal en este momento en tu pareja y también vas a visualizar cómo quieres que sea vuestra vida juntos.

A continuación, escribe en un papel con el lápiz negro todos los aspectos negativos que quieres eliminar de tu relación. Dobla el papel en cuatro partes. Asegúrate de que la ventana está abierta, enciende la vela y prende el papel en ella. Deja que se consuma en el cuenco y apaga la vela. Más tarde, cuando termines la segunda parte del hechizo, te desharás de las cenizas en un desagüe y de la vela en la basura, fuera de tu casa.

Cuando haya terminado de arder, es el momento de hacer la invocación y abrir el camino para que lleguen los cambios.

En un papel escribe con el lápiz rojo todo lo que deseas para tu relación. Dóblalo en cuatro partes y mételo en el saquito o sobre. Añade los pétalos de rosa y ciérralo. Guarda este amuleto la primera noche bajo tu almohada y a partir del día siguiente llévalo contigo.

Hechizo de retención

Si lo que te preocupa es que tu pareja se sienta atraído o atraída por otra persona, debes hacer este hechizo de retención. Sirve para retener los deseos de esa persona y que se vuelvan solo a tí. En este ritual se utilizan muy pocos elementos, pero es muy importante la concentración y el flujo de energía.

¿Qué necesito?

- Una cuerda
- Una vela roja

¿Cómo lo hago?

Como ya hemos dicho, la concentración es fundamental en este hechizo porque vas a invocar a las energías del cosmos o el universo para que te ayuden en tu propósito. La versión general de este ritual se dirige a ellos, al cosmos o al universo. Sin embargo, si eres creyente, puedes invocar a San Antón y, si lo consideras más adecuado, a Venus, diosa del amor y el erotismo.

Colócate en un lugar tranquilo que, en esta ocasión, debe estar en silencio. Necesitas una luz tenue y puedes poner un incienso o perfume que te agrade y te ayude a relajarte. Ahora concéntrate en tu respiración e inspira en profundidad al menos tres veces. Siente cómo vas soltando tensión y sintiendo la energía fluir a tu alrededor.

Ahora toma la cuerda en la mano y recita lo siguiente: "Cosmos/Venus (el facilitador que hayas elegido) yo te digo que el amor de (nombre de la persona amada) y (tu nombre) es fuerte y poderoso. Es solo mío/mía y para mí. Gracias a ti, nuestro futuro tiene el camino libre".

Vas a realizar siete nudos en la cuerda y, mientras realizas cada uno de ellos, debes recitar la oración anterior.

Ahora coloca la cuerda con los nudos sobre la vela y préndela. Déjala junto a la vela en el mismo plato o soporte, de manera que la cera se funda con sus cenizas. Cuando todo se haya enfriado, toma los restos y entiérralos en una maceta, en el campo o en un jardín.

Hechizo con azafrán

Este hechizo es muy efectivo para reavivar la pasión en una pareja por el uso como facilitador del azafrán. Se trata de una especia muy utilizada en las tradiciones orientales y occidentales desde tiempos antiguos. Por ejemplo, en el Imperio Romano o en el Egipto de Cleopatra se utilizaba mucho para elaborar perfumes y aceites para la cara y el cuerpo por sus efectos para resaltar la belleza y potenciar el poder de atracción. También simbolizó durante muchas décadas el color del matrimonio.

¿Qué necesito?

- Una vela roja
- Azafrán, en hebras o en polvo
- Una bolsita o saquito rojo o blanco
- Pétalos de rosa
- Papel
- Lápiz rojo
- Un cuenco o quemador

¿Cómo lo hago?

En noche de luna llena, busca un lugar tranquilo donde puedas concentrarte. Pon algo de música relajante y un perfume si lo deseas, pero que ambas cosas te ayuden a centrar tu atención. Haz respiraciones profundas hasta que sientas la energía fluir a tu alrededor y notes que has descargado tensión. Debes tener la mente despejada para comenzar a visualizar.

Una vez que tu cuerpo y tu mente estén preparados, dedica unos minutos a imaginar los cambios que quieres en tu vida en común con el ser amado. Puede ser que quieras más muestras de cariño, más encuentros sexuales o más calidad en las relaciones. Tú eliges cómo quieres que sea tu futuro, lo importante es que lo tengas claro y lo fijes en tu mente mientras comienzas el rito.

Cuando termines de adoptar el estado óptimo, enciende la vela roja. Ahora escribe en el papel todo lo que has pensado, de manera lo más concreta posible. Cuanto más claro el mensaje, más facilidad para que fluya la energía.

Ahora lee lo que has escrito con claridad ante la vela. Puedes repetirlo dos o tres veces si lo deseas. Cuando lo hayas hecho, prende el papel en la vela y déjalo que se consuma en el cuenco o quemador. Luego recoge las cenizas de tu papel e introdúcelo en la bolsita con el azafrán y los pétalos de rosa. Ya puedes apagar la vela y guardarla para otro ritual. El saquito se convertirá en el amuleto que garantice la mejoría en tu relación. Puedes volver a realizar el hechizo al cabo de seis meses si lo consideras necesario.

Hechizo de rosa blanca

A la hora de elegir las plantas o flores para realizar nuestros hechizos y rituales es importante tener en cuenta, no solo el tipo, sino también sus colores. La rosa blanca se caracteriza por proporcionarnos paz y sosiego, armonía y estabilidad. Por eso la utilizamos en este hechizo que te va a garantizar solidez y equilibrio en tu pareja. Si lo que deseas es tener una convivencia y una vida en pareja sin sobresaltos, este es tu ritual.

¿Qué necesito?

- Una vela blanca
- Una rosa blanca
- Un vaso o florero con agua
- Miel
- Papel para escribir
- Papel de estraza o folios para disecar la rosa
- Un pañuelo
- Lápiz de color rojo, negro o rosa

¿Cómo lo hago?

En un lugar tranquilo, prepara tus materiales antes de crear un ambiente acogedor. Puedes perfumar la habitación con esencia de rosas y poner una música que te ayude a relajarte. Consigue una luz tenue, que permita que tu vela brille adecuadamente. Una vez preparado el entorno, siéntate y respira tranquilamente hasta que comiences a relajarte y a soltar tensión. Debes sentir que la energía fluye a tu alrededor antes de poner en marcha el hechizo.

En el momento en que estés preparada o preparado, enciende tu vela blanca y pon un poco de miel en el jarrón con agua. Una vez disuelta la miel, introduce la rosa blanca en el jarrón. A continuación, toma el papel para escribir y plasma en él tu idea de relación idílica. Tómate tu tiempo, no es necesario que tu escrito sea perfecto, en esta ocasión no lo vamos a utilizar para una oración, sino para que tengas claro tu objetivo.

Cuando hayas conseguido una imagen mental de lo que deseas para tu vida en pareja, sitúate ante tu pequeño altar creado con la rosa y la vela y recita lo siguiente: "Luz blanca, paz y prosperidad. Tenemos un camino en calma y un futuro lleno de amor. Gracias, gracias, gracias". Puedes repetirlo cuantas veces quieras, lo importante es que mantengas el estado de concentración y de espiritualidad.

Una vez hayas terminado esta parte del ritual, debes sentir una sensación de paz y serenidad. Es el momento de sacar la vela del jarrón, secar el tallo con un pañuelo y poner la rosa entre el papel de estraza o el folio para que se conserve. Mantén la flor en tu mesilla de noche o bajo tu colchón.

Hechizo de seda

Con este hechizo te aseguras el fortalecimiento de tu relación y la fidelidad de tu pareja. Lo puedes poner en marcha cuando sientes que algo no va como debería o si notas apatía entre ambos. Es lo que vamos a pedir en esta ocasión, pero el rito es útil para pedir cualquier cambio entre dos personas que se aman. Si lo deseas, puedes cambiar el mensaje que vas a lanzar por otro.

¿Qué necesito?

- Una vela blanca
- Un pañuelo o trozo de tela de seda blanco
- Una caja de madera
- Papel
- Lápiz rojo o negro

¿Cómo lo hago?

Comienza relajándote en un lugar tranquilo y acogedor. Si quieres puedes poner algo de música y encender un incienso a tu elección. Respira profundamente varias veces y nota cómo tu cuerpo se va deshaciendo de las tensiones y la energía fluye a través de él y a tu alrededor. Una vez que hayas alcanzado un estado óptimo de relajación, comienza a visualizar la resolución de ese problema que aqueja a tu pareja. Quizá quieres que te guarde fidelidad, o deseas hacer más planes juntos, o te gustaría más pasión en la intimidad. Tú eliges el aspecto a mejorar, pero debes concentrarte con intensidad en él.

Cuando hayas hecho el ejercicio de visualización, enciende la vela blanca. Ahora escribe en el papel lo que has pensado. Hazlo con tus propias palabras, en sentido positivo y sé concreta o concreto. Puedes escribir, por ejemplo: "A partir de ahora (nombre del ser amado) será perfectamente fiel. Que así sea". Escribas lo que escribas, deberás terminar con la frase "Que así sea".

Envuelve el papel en la tela de seda y guárdalo todo en la caja de madera. Apaga la vela o deja que se consuma, a tu elección. Deberás conservarla la caja en un lugar seguro al menos 20 días. Cuando pase ese tiempo puedes retirar el papel de la caja y reutilizar esta última y el pañuelo de seda. El papel debe ser desechado enterrándolo en tierra, en un jardín o una maceta.

PARTE IV

Hechizos para romper ataduras y alejar la negatividad

El amor debe ser una fuente de felicidad y seguridad para ti. Cuando esto no se cumple, es normal que quieras deshacerte de los sentimientos hacia una persona que te perjudica o te daña. A veces permanecemos junto a una pareja por costumbre, por miedo a la soledad o porque seguimos teniendo sentimientos hacia ella, aunque sepamos que no nos hace bien. Lo importante es identificar ese daño y comprender que el amor verdadero necesita el camino libre para que transite por él la persona adecuada. Si el camino está ocupado, no puedes esperar que llegue a través de él tu compañía correcta. No es tarea fácil, pero si ya has reflexionado y has llegado a la conclusión de que lo que te conviene es dejar ir a una persona para esperar a la indicada (o para estar en soledad), este es tu apartado. Aquí encontrarás las fórmulas para romper las ataduras con las relaciones de pareja que no son tu destino.

También te proporciono los remedios para eliminar obstáculos. Ya sabes que la magia blanca solo procura el bien. Los hechizos que te propongo pueden apartar a una persona dañina de tu entorno, pero siempre sin interferir en su camino o en su felicidad. Simplemente le mostramos el camino y le empujamos a irse. La persona que quieres expulsar no solo tiene que ser una pareja, también pueden entorpecer tu camino hacia el amor familiares, amigos, exparejas de la otra persona, etc.

Si quieres deshacerte de un influjo negativo pero esa persona debe seguir en tu entorno porque es un familiar o porque no quieres perderla, también encontrarás aquí el camino para conseguirlo con magia.

Hechizo de despedida

Si es hora de decir adiós a alguien a quien has querido pero que ya no te conviene, este es tu hechizo. Date cuenta de que es muy posible que pierdas de vista a esa persona o que deje de formar parte de tu círculo cercano.

¿Qué necesito?

- Una vela de color amarillo, no importa el tamaño
- Un tarro de cristal o un plato donde recoger los restos de la vela
- Un rotulador o bolígrafo negro con el que puedas escribir en la vela

¿Cómo lo hago?

En el lugar escogido para realizar tu ritual, que debe ser tranquilo y acogedor, siéntate y realiza tres respiraciones profundas para relajarte.

Escribe en la vela la palabra ADIÓS seguida del nombre de la persona que quieres alejar de tu vida.

A continuación, prende la vela y recita lo siguiente: "Yo te echo y te aparto. Nuestros destinos están separados para siempre. Con esta oración cierro el camino". Repite al menos tres veces.

Una vez terminada la oración, deja que la vela se consuma. Cuando se enfríen los restos, recógelos y tíralos en un lugar donde corra el agua. Puede ser un río o un barranco, pero en este caso también es adecuado un desagüe.

Hechizo de ruptura

Este ritual está destinado a deshacerte de esa persona que se ha cruzado en tu camino y te impide el paso para poder avanzar. Puede ser tu expareja o, más habitual, una tercera persona. Generalmente los obstáculos, aunque parezca paradójico, los ponen las personas nos quieren o que quieren a nuestra pareja. Suele ser por celos mal canalizados, por miedo a la pérdida o por incomprensión. Es el momento de ofrecerles un camino de retirada.

¿Qué necesito?

- Una vela amarilla
- Papel
- lápiz negro
- Cuatro alfileres
- Un cuenco o quemador

¿Cómo lo hago?

Coloca todos los elementos en el lugar donde vas a llevar a cabo el ritual y prepara la habitación. Perfuma con un aroma que te ayude a concentrarte y envuelve el lugar en una luz tenue. En esta ocasión no puedes utilizar otra vela que la que forma parte del ritual, así que te recomiendo que uses una lámpara pequeña o incluso una linterna. Comienza el ejercicio de relajación con tres respiraciones profundas.

Ahora concéntrate en la visualización. Vas a imaginarte feliz y con una vida próspera en soledad, lejos de esa persona que te causa el daño. Piensa en todas las cosas que vas a recuperar o todos aquellos proyectos que vas a emprender cuando te sientas libre.

A continuación, escribe en el papel el nombre de la persona que quieres alejar y dóblalo en cuatro partes. Cuando este doblado, atraviesa el papel con los cuatro alfileres. Da igual donde los claves, lo importante es que las puntas atraviesen el lugar donde has escrito.

Enciende la vela y, con el papel en la mano, recita lo siguiente: "Usa el camino que te abro y vete de mi vida. Te deseo lo mejor lejos de mí. Que así sea". Repite al menos tres veces.

Quita los alfileres y prende el papel con la llama de la vela. Deja que se consuma en el cuenco o quemador porque necesitamos recoger las cenizas.

Ahora deja que la vela amarilla se consuma por completo. Recoge las cenizas del papel y deshazte de ellas en un lugar donde corra el agua, ya sabes que puede ser un río, un riachuelo o un desagüe.

Hechizo de expulsión

Sientes que ha llegado el momento de cortar una relación que te hace daño y alejar a esa persona de ti, pero no consigues que lo entienda. Con este hechizo vas a pedir que una fuerza superior aleje de ti al ser que, una vez amaste, pero que ahora entorpece tu camino hacia la felicidad. Hazlo con tranquilidad, aunque vamos a utilizar velas negras se trata también de un ritual de magia blanca con el que es imposible dañar a nadie. Recuerda que, para nosotras, la vela negra significa autoridad.

¿Qué necesito?

- Dos velas negras
- Un alfiler, una aguja o algo afilado con lo que puedas grabar en las velas
- Papel
- Lápiz negro
- Un cuenco o quemador

¿Cómo lo hago?

Colócate en un lugar seguro y tranquilo. Es necesario que haya una ventana abierta en la estancia. Usa una luz tenue y, en esta ocasión, no vas a utilizar música ni perfume. Comienza a relajarte concentrándote en tu relajación. Cuando hayas alcanzado un estado adecuado y sientas que pueden fluir las energías, puedes comenzar el rito.

Primero graba en una vela tu nombre y en la otra vela el nombre de la persona que quieres expulsar de tu vida. Hazlo de forma vertical de arriba a abajo. Deposita las velas cada una en un platito o en una base para velas. Ahora coge un papel y escribe la palabra ADIOS en uno, colócalo bajo el plato de la vela donde has grabado el nombre de la persona no deseada. En otro papel escribe la palabra AVANZA; dóblalo y colócalo bajo el plato de la vela con tu nombre.

Ahora enciende las dos velas y recita: "Lo que fue y ya no es, desaparece. Despeja el camino". Repite al menos tres veces.

Con cuidado, recupera los dos papeles de debajo de las velas y prende cada uno en la suya. Deja que se consuman en el quemador.

Apaga las velas. Recoge las cenizas (puedes hacerlo en un sobre o en un pequeño envase) y tíralas por el desagüe o en un lugar fuera de tu casa, puede ser la basura. Luego apaga las velas y deshazte de ellas también en la basura, pero fuera de tu casa.

Asegúrate de que la ventana permanece abierta durante todo el ritual y al menos una hora después de haber apagado las velas. La energía en este hechizo debe fluir lejos de nosotros y nuestro hogar.

Hechizo de congelación

Este es probablemente el ritual o hechizo más fácil y conocido por todas las personas que practican la magia blanca. Es, también, uno de los más efectivos. Lo puedes utilizar para alejar a cualquier persona, no solo una pareja de la que quieras deshacerte. También te será útil para evitar que una persona que forma parte de tu entorno y de la que no quieres o no puedes alejarte, deje de perjudicarte.

¿Qué necesito?

- Papel
- Lápiz o bolígrafo negro
- Un congelador

¿Cómo lo hago?

Aunque es un procedimiento muy sencillo, necesitas el mismo nivel de concentración que para cualquier hechizo, así que busca un lugar adecuado donde poder relajarte. Comienza respirando profundamente tres veces y siente cómo sueltas tensión y te rodeas de energía positiva.

A continuación, escribe en un papel el nombre completo de la persona que quieres alejar o neutralizar. Mientras lo haces, debes visualizar lo que deseas que suceda. Si quieres que se aleje, haz una representación mental de esa persona caminando en sentido contrario a donde tú estás, por un largo camino que se pierde en el horizonte. Si lo que quieres es que esa persona no interfiera en tus planes o no te perjudique, visualízala sentada en un rincón, inmóvil, con las manos sobre las rodillas y los ojos cerrados.

Ahora simplemente dobla el papel con el nombre y mételo en el fondo de tu congelador. Verás cómo la influencia de esa persona en tu vida desaparece por completo. Este es un hechizo que puedes llevar a cabo con tantas personas como desees.

Hechizo de violeta

Este ritual te servirá para deshacerte de una persona envidiosa y negativa para tu desarrollo. Puede tratarse de una pareja o de una persona de tu entorno que interfiere tóxicamente en tu relación. Mientras realices el hechizo, no deberás pensar en los aspectos negativos de esa persona que te impide avanzar, sino en lo libre que se te quedará el camino cuando se marche.

¿Qué necesito?

- Una vela blanca
- Esencia de violeta

¿Como lo hago?

Se trata de un hechizo muy sencillo y con pocos elementos, pero que requiere de una gran concentración para que sea efectivo: debes tener claro lo que quieres. Para ello, busca el lugar idóneo, que debe ser una habitación con ventana donde no te vayan a interrumpir. En primer lugar, asegúrate de que la ventana está abierta. A continuación, prepara una luz tenue que permita que tu vela destaque. Ahora respira profundamente y relájate. Cuando lo consigas, esfuérzate en imaginar una vida tranquila sin el influjo de esa persona negativa en tu entorno. Recuerda utilizar un lenguaje mental positivo, sin utilizar la palabra no o frases en sentido negativo. Por ejemplo, puedes desear una vida tranquila con personas positivas en tu entorno, libre de toxicidad y seres que creen problemas. Imagina todas las cosas que harás y que ahora no puedes por las interferencias de esa persona.

Cuando hayas hecho este ejercicio, toma la esencia de violeta e impregna un poco en la vela apagada. Ahora enciéndela y siéntate frente a ella. Ponte unas gotas de esencia de violeta en las sienes, en la cara interna de las muñecas y de los codos y en la parte trasera de tus rodillas.

Ahora, recita lo siguiente: "Estoy libre de influencias negativas. Todo el mal se refleja y se va de vuelta. El camino está abierto para la marcha del mal. Que así sea". Repite cuantas veces te apetezca.

Una vez hayas terminado, deja que la vela se consuma mientras mantienes la ventana abierta.

Hechizo de mirra

La mirra es uno de esos elementos imprescindibles para aquellos que quieren practicar la magia blanca. Es un potente protector personal contra todo mal o perjuicio, consciente o inconsciente, que te vaya a llegar. Además, tiene el poder de limpiar los espacios y de potenciar cualquier ritual de petición que queramos hacer. En esta ocasión, lo usaremos doblemente: para alejar de nosotros a todas las personas tóxicas y para restablecer la paz y bendecir nuestro entorno.

¿Qué necesito?

- Carbón para incienso
- Incienso de mirra en grano
- Una vela blanca
- Un cuenco o quemador
- Papel
- Lápiz

¿Cómo lo hago?

Primero vamos a crear el ambiente adecuado. Debes escoger una estancia tranquila. En esta ocasión, las ventanas deben estar cerradas porque la mirra debe impregnar nuestro entorno. Cuando termines el ritual, puedes abrirlas sin problemas. Busca una luz tenue y coloca todos los elementos antes de sentarte a meditar sobre lo que necesitas

Antes de iniciar el ritual, enciende tu carbón y coloca encima algunas piedras de mirra para que vaya invadiendo el ambiente.

Comienza relajándote mediante tu respiración. Haz tres inspiraciones profundas y siente cómo vas soltando tensión y notando la energía que te rodea. Una vez sientas tu cuerpo y tu mente serenos, comienza a visualizar una vida en paz y sin sobresaltos, lejos de todo el mal que pueda venir del exterior. Imagínate con un aura protectora a modo de escudo donde todo lo que quiera hacerte daño rebota y se aleja.

Ahora que ya tienes la dinámica en marcha, enciende la vela y continúa con esas imágenes mentales durante unos minutos más. Notarás cómo tu nivel de relajación será cada vez mayor porque sientes la protección sobre tu cuerpo.

Es el momento de tomar papel y lápiz y escribir lo siguiente: "Nada me daña, me rodea el bien. Yo decreto que se aleje todo y todos los que no estén en paz. Que así sea". Repítelo al menos tres veces.

Cuando hayas terminado prende el papel en la vela y déjalo que se consuma en el cuenco o quemador. Las cenizas puedes tirarlas en un jardín o una maceta. Cuando la mirra se haya consumido con el carbón, apaga la vela. Puedes guardarla para otro uso.

Hechizo de barrido del viento

Con este ritual puedes conseguir alejar de ti la influencia negativa de cualquier persona de tu entorno. No va a desaparecer necesariamente de tu círculo, pero sí podrás librarte de su toxicidad y del influjo de sus acciones, ya sean voluntarias o involuntarias. En definitiva, no volverá a perjudicarte. Es, además, un procedimiento muy sencillo.

¿Qué necesito?

- Una vela amarilla
- Un cuenco o un quemador
- Papel
- Lápiz
- Una habitación con ventana, balcón, o realizar el hechizo al aire libre

¿Cómo lo hago?

Este hechizo consiste en destruir todos los aspectos negativos que el comportamiento de una tercera persona tiene sobre tí o sobre tu vida sentimental. Puede tratarse de una pareja, una expareja o una persona ajena a la relación. Como en todos los rituales, comienza relajándote y visualizando lo que quieres conseguir.

Cuando sientas que tu cuerpo está relajado y tu mente centrada en el objetivo, enciende la vela amarilla. Coge papel y lápiz y escribe el nombre de la persona y algún dato identificativo. Pueden ser los apellidos o el tipo de relación que tiene contigo. Puedes incluir su fecha de nacimiento si la conoces.

Debajo de esas líneas escribe con la mayor precisión los comportamientos que tienen que desaparecer. Puedes empezar de la siguiente manera: "(El nombre de la persona) debe abandonar su costumbre de..."

Cuando lo tengas, dobla el papel y sostenlo en tu puño derecho y repite tres veces lo siguiente: "dii mecum sunt". Con este mantra te aseguras que el cosmos está de tu parte.

Ahora prende el papel en la vela amarilla y déjalo consumirse en el quemador. Cuando se haya convertido en cenizas, acércalo a la ventana o simplemente levántalo si estás al aire libre y deja que el viento se lleve las cenizas mientras dices: "Ventum tollit te".

Puedes desechar la vela o guardarla para otras ocasiones, en esta ocasión su cometido era solo el de prender el papel. Lo importante es que el mal que esa persona tenía en su camino para tí ha sido arrastrado por el viento.

Hechizo del corte

Este sencillo ritual es adecuado para cortar una relación de pareja que ya no te interesa o no te hace bien. Ya hemos hablado de la importancia de que los caminos estén despejados, tanto para poder avanzar uno mismo como para propiciar la llegada de nuevas personas a nuestra vida. El hechizo del corte no es dañino para la persona a la que quieres alejar. De hecho, es un ritual que permitirá que esa persona siga formando parte de tu entorno. Simplemente vamos a sesgar los vínculos sentimentales o amorosos.

¿Que necesito?

- Una vela blanca
- Papel
- Lápiz negro
- Una cinta roja
- Alfileres
- Una tijera
- Un cuenco o quemador

¿Cómo lo hago?

La primera parte del procedimiento está destinada, como en hechizos anteriores, a preparar tu cuerpo y tu mente para que el ritual tenga la fuerza necesaria y sea efectivo. Reúne todos los elementos que vas a necesitar y colócate en un lugar tranquilo. Puedes encender un incienso de lavanda que, no solo te va a ayudar en la concentración, sino que también va a purificar el ambiente y a reforzar tus buenas intenciones hacia la persona de la que quieres separarte.

Con la vela blanca ya encendida, respira profundamente al menos tres veces. Relaja el cuerpo y siente la energía fluir a través de él y de tu entorno. Concéntrate en imaginar tu vida lejos de esa persona con la que vas a romper el vínculo. Visualiza cómo se va alejando por un sendero rodeado de flores, de forma apacible y amable.

Ahora toma el papel y dóblalo en dos partes en sentido horizontal. Escribe a la derecha tu nombre completo y tu fecha de nacimiento y a la izquierda los mismos datos de la persona con la que vamos a cortar los lazos. Toma la cinta roja y ponla en el papel en posición horizontal sobre los dos nombres. Sujétala con alfileres. Si tienes dudas de cómo es la colocación, piensa que vamos a cortar con una tijera el papel por la mitad, junto con la cinta, de forma que los dos nombres y el camino rojo que forma tu cordel queden separados.

Una vez tengas la cinta sujeta toma las tijeras y realiza el corte que hemos dicho en el centro del papel. Mientras lo haces, enuncia lo siguiente: "Yo corto el vínculo y nuestros caminos se separan para siempre. Toda la bondad y prosperidad para las dos partes. Que así sea"

Toma ahora el papel donde está escrito el nombre de la persona a la que va dirigida el hechizo y quítale los alfileres para desprender la cinta. Prende ambas cosas, el papel y la cinta, en la llama de la vela. Deja que se consuma en el cuenco o quemador y, en cuanto puedas, saca las cenizas de tu casa. Puedes lanzarlas al viento por la ventana o tirarlas por un desagüe.

Coge el papel con tu nombre, quítale los alfileres y la cinta y deséchalo. Lo puedes tirar sin problema a la basura o al depósito de reciclaje porque ya ha cumplido su función. Igualmente, puedes apagar la vela y guardarla para encenderla en otro momento.

Hechizo de sal y vinagre

En combinación, la sal y el vinagre son utilizados desde la antigüedad para limpiar viviendas y proteger cualquier entorno de las energías negativa. La sal marina es un gran purificador y también es un potente escudo personal, al igual que el vinagre, que tiene la cualidad de limpiar cualquier espacio de negatividad. Estos son los dos únicos ingredientes mágicos que necesitamos para proteger nuestro hogar de esa persona que intoxica el ambiente a nuestro alrededor, y los vamos a acompañar de una oración contundente para que el cosmos tenga clara nuestra petición.

¿Qué necesito?

- Un puñado de sal
- Medio vaso de vinagre
- Un cubo con agua
- Fregona

¿Cómo lo hago?

Aunque este es un hechizo que vamos a realizar en movimiento, el paso previo de la meditación y la visualización sigue siendo imprescindible. Retírate a un lugar tranquilo y haz los ejercicios de respiraciones profundas para relajarte. Puedes ambientar con un incienso y con música si eso te ayuda. Cuando sueltes la tensión acumulada, comienza a visualizar lo que vas a pedir. Imagina a esa persona caminando en dirección contraria a ti, alejándose por un camino. También puedes imaginar que cambia su actitud negativa, si no es su marcha definitiva lo que quieres. Lo importante es que tengas bien claro en tu mente lo que quieres que suceda.

Una vez interiorizado tu deseo, pon en el cubo con agua el puñado de sal y el medio vaso de vinagre. Debes asegurarte de que esa persona no está dentro de tu casa en el momento de hacer el hechizo. Con esta mezcla vas a limpiar tu hogar de negatividad. Tienes dos opciones, o la limpias toda o te centras en la entrada, que es lo que nos interesa porque es por donde no queremos que entre la negatividad de esa persona.

Mientras friegas con el agua mágica, repite lo siguiente: "Por la fuerza de esta agua yo estoy protegida/o. La energía negativa de (nombre de la persona a la que va dirigida el hechizo) nunca atravesará este umbral. Que así sea y así será". Cuando hayas terminado de limpiar, echa el agua fuera de tu casa.

Ritual de desbloqueo

En muchas ocasiones es una antigua pareja de tu alma gemela quien obstaculiza el camino hacia la felicidad. Si lo que quieres es neutralizar la influencia negativa de esa tercera persona que no acepta que su examante haya iniciado una nueva vida, este hechizo te ayudará a despejar la senda.

¿Qué necesito?

- Una vela negra
- Una vela roja
- Laurel
- Ruda
- Incienso de sándalo
- Papel
- Lápiz negro
- Lápiz rojo
- Un cuenco o quemador
- Un saquito o sobre

¿Cómo lo hago?

Prepárate a conciencia para alcanzar el estado adecuado que te permita hacer el hechizo con efectividad. Busca un lugar tranquilo donde no te interrumpa nadie y sitúa todos los ingredientes necesarios. Ahora comienza la sesión de relajación respirando profundamente varias veces. Mientras lo haces, piensa en los momentos buenos con tu pareja. Tómate el tiempo que necesites.

Cuando notas que se aleja la tensión y se acercan los flujos de energía, puedes comenzar la visualización. Ya has pensado en los momentos positivos con tu pareja, ahora imagina cómo la tercera persona que entorpece tu relación se marcha por un camino largo hasta perderse en el horizonte y desaparecer de tu vista. Ten claro que eso es lo que quieres y lo que va a suceder.

A continuación, enciende el incienso de sándalo y haz otras dos o tres respiraciones profundas. Coloca la vela negra a tu derecha y la roja a tu izquierda. Toma el papel y el lápiz negro para escribir el nombre de la persona que va a ser expulsada de vuestras vidas. Rodea el nombre con un triángulo negro. Ponlo frente a la vela negra. Ahora toma el otro papel y escribe tu nombre y el de tu pareja con el lápiz rojo. Rodéalo con un círculo rojo y ponlo frente a la vela roja, a tu izquierda.

Enciende la vela negra mientras recitas lo siguiente: "Tu camino es largo y se aleja. No tiene vuelta". Date unos segundos y enciende la vela roja recitando "Somos uno, cuerpo y mente, amor y futuro"

Ahora toma en tus manos el laurel y la ruda y sostenlos en tus palmas como si formaras un cuenco. Recita lo siguiente: "El amor permanece, el obstáculo desaparece". Repítelo al menos tres veces.

Cuando hayas terminado, deposita el laurel y la ruda junto a la vela roja. Ahora toma el papel con el nombre de la persona no deseada y el círculo negro, préndelo en la vela negra y deja que se consuma en el cuenco o quemador. Tira las cenizas por el desagüe y apaga la vela negra. Deberás tirarla a la basura fuera de tu casa.

Toma el laurel, la ruda y el papel con vuestros nombres y mételo todo en el saquito, será tu amuleto. Consérvalo al menos durante tres días y luego puedes deshacerte de él, pero de la manera correcta. Deposita la ruda y el laurel en algún sitio con tierra, como un jardín o una maceta. Deshaz el papel con agua hasta que no se distinga lo escrito y entiérralo igualmente en un sitio con tierra.

Hechizo de limón

Al igual que la sal, el limón es, desde las civilizaciones antiguas, un potente protector y neutralizador de las malas energías y vibraciones. Es uno de los elementos que los arqueólogos han encontrado en el interior de las tumbas de los faraones y nobles en el Antiguo Egipto. No solo lo consideraban un escudo, también lo utilizaban por sus propiedades afrodisíacas. En este hechizo lo vamos a utilizar para reforzar la petición de expulsión de una persona de tu vida. Como en rituales anteriores, el procedimiento no debe tener como fin que esa persona desaparezca de tu entorno si no lo deseas, también puedes pedir que no te afecte su toxicidad, aunque tenga que seguir formando parte de tu círculo. Si el hechizo lo estás realizando con una pareja o expareja, el resultado va a ser la desaparición completa de cualquier vínculo sentimental, y esto es algo que debes tener en cuenta. No es un ritual que sirva para que tu amante se comporte mejor contigo o cambie su actitud dentro de la pareja. Para eso tienes muchos otros rituales en este libro. Recuerda que es muy importante que tengas claro lo que quieres antes de llevar a cabo el hechizo.

¿Qué necesito?

- Un limón partido por la mitad
- El zumo de otro limón
- Alfileres
- Una vela amarilla
- Papel
- Lápiz negro
- Un paño o toalla

¿Cómo lo hago?

Prepara todos tus ingredientes y siéntate o túmbate a meditar. Relájate poniendo la atención en tu respiración. Inspira profundamente y, con cada exhalación, imagina que echas fuera de tu cuerpo todas las vibraciones negativas. Mantente así durante los minutos que necesites hasta que sientas que no queda tensión en tu cuerpo. Piensa, mientras, en lo que deseas conseguir con este hechizo.

Cuando estés en estado de relajación, enciende la vela amarilla y comienza a visualizar a la persona que no te interesa marchándose de tu lado o teniendo buenas actitudes contigo, lo que hayas elegido.

Ahora escribe en el papel el nombre de esa persona y ponlo en el centro de las dos mitades del limón. Clava cuantos alfileres sean necesarias para que el papel quede fijado en esa posición. Cuando lo tengas hecho, recita lo siguiente: "Aquí te pongo y aquí permaneces. El bien es más fuerte que el mal". Repítelo al menos tres veces. Déjalo todo sobre el paño o toalla.

Es el momento de utilizar el zumo de limón para nuestra protección personal. Moja los dedos y pon unas gotas del zumo tras tus orejas, en la cara interna de las muñecas, detrás de las rodillas y en la base del cuello. Mientras lo haces, repite lo siguiente: "Aquí solo entra lo bueno. Yo me protejo y alejo de mí el mal".

Apaga la vela. Puedes desechar el zumo de limón sin ningún problema en tu cocina, como cualquier otro líquido, en la pila o fregadero.

Para terminar el hechizo es imprescindible que te deshagas del limón con el papel en el centro de forma adecuada. Deberás enterrarlo en el campo, en un jardín o en una maceta, pero esta no debe permanecer en tu casa. Puedes enterrarlo en cualquier recipiente con tierra y luego tirarlo a la basura.

Hechizo de la pimienta

A veces existe alguien que, sin maldad, se aferra a ti y termina lastrándote. Puede ser una pareja que no quiere estar en soledad y no se desvincula de ti, o una amistad que entorpece tu camino para conocer a otras personas. También se da la situación con familiares que son excesivamente dependientes y no permiten que hagas tu vida tal y como quieres y necesitas. Con este hechizo conseguirás eliminar el apego excesivo de esa persona que no quiere apartarse de tu lado ni un instante. Se trata de un procedimiento muy sencillo con un resultado que, al igual de hechizos que contiene este libro, no perjudica absolutamente a nadie.

¿Qué necesito?

- Una vela blanca
- Cinco granos de pimienta negra
- Un sobre o saquito
- Un papel
- Lápiz
- Una maceta o cuenco
- Tierra

¿Cómo lo hago?

Primero haz los ejercicios de relajación, concentración y visualización. Empieza respirando profundamente y soltando la tensión. Luego concéntrate en sentir las energías. A continuación, visualiza cómo sería tener una relación sana con esa persona. Imagina que consigue una pareja, que hace amistades, que comienza a hacer cosas nuevas que llenan parte de su tiempo y te deja espacio para hacer tu vida.

Si ya tienes una imagen clara de lo que quieres, puedes encender la vela blanca. Ahora toma el papel y escribe tu nombre completo y tu fecha de nacimiento. Debajo, escribe el nombre de la otra persona también junto con su fecha de nacimiento. Mete el papel en el sobre o saco y añade los granos de pimienta.

Ahora entierra el saco o sobre en la maceta o cuenco. Cúbrelo bien de tierra. Cuando termines, pon tu mano sobre la tierra y repite tres veces: "Yo te aparto por tu bien. Nuestros caminos serán cercanos, pero no juntos".

Apaga la vela y deja el saquito enterrado durante tres días. No plantes absolutamente nada encima. Al cabo de ese tiempo puedes sacar el saco o sobre y desecharlo todo. Deshaz el papel con agua si lo deseas y tíralo a la basura.

Hechizo del lazo roto

En ocasiones hay dependencia entre dos personas sin que se pueda precisar cuál de las dos tiene más problemas a la hora de romper el vínculo. Es decir, quizá tienes una pareja, expareja o amistad que siente una gran dependencia hacia ti y te agobia pero, a la vez, tú también sientes una gran necesidad de contar con esa persona para todo. Este tipo de relaciones tóxicas se puede convertir en un obstáculo a la hora de encontrar a tu alma gemela o de emprender cambios positivos en tu vida.

Si estás en esta situación, debes romper el lazo que os une en igualdad de condiciones. Con este hechizo lo vas a conseguir mediante la representación de ese vínculo bilateral para, posteriormente poder cortarlo. No te preocupes, no tiene por qué terminar definitivamente tu relación con esa persona, simplemente vamos a obrar un cambio de dinámica: ambos seréis más libres para emprender nuevos caminos sin necesidad de cargar con la presencia permanente del otro.

Te adelanto que vas a necesitar una foto o un objeto personal que represente a la otra persona en tu ritual. Puede ser una prenda de ropa, un complemento, algo que utilice a diario, etc. En ningún caso puede ser algo que te haya regalado, porque ese tipo de objetos simbolizan los sentimientos de una persona hacia el destinatario, pero no pueden usarse en representación de quien los entrega.

¿Qué necesito?

- Una foto u objeto personal de la otra persona
- Una vela blanca
- Palo santo
- Un cordón de unos 20 centímetros, blanco o verde
- Tijeras

¿Cómo lo hago?

Ya sabes que el primer paso es preparar el lugar, el cuerpo y la mente. Cuando tengas todos los elementos que necesitas, llévalos a la habitación donde vas a realizar el hechizo, que debe ser un lugar tranquilo que te resulte acogedor y en el que no te interrumpan. Puedes colocar un poco de incienso de sándalo o de palo santo, no pongas olores dulces como la rosa o la vainilla. Si te ayuda a relajarte, pon algo de música suave.

Comienza con los ejercicios de respiración, inspirando profundamente y expirando a la vez que imaginas cómo la tensión sale de tu cuerpo. Ahora visualiza lo que vas a pedir. Imagínate junto con esa persona. Estáis los dos en un lugar tranquilo, puede ser un campo, una playa o una casa. En tu representación mental debéis estar solos. Visualiza cómo a los dos os envuelve un lazo blanco y piensa en cortarlo.

Cuando estés en un estado espiritualmente óptimo, es el momento de ponerte manos a la obra. Toma el palo santo y haz un círculo alrededor de la vela blanca. Luego enciende la vela. En esta ocasión el palo santo no lo vamos a quemar. Ahora toma el cordón y haz cuatro nudos en el centro del mismo, dejando bastante espacio en los extremos.

Toma un extremo y ponlo alrededor de la foto o del objeto que hayas elegido, haciendo un nudo. Ahora toma el otro extremo y anúdalo alrededor del dedo anular de tu mano izquierda si eres diestra/o de la derecha si eres zurda/o. Necesitas tu mano dominante libre para el siguiente paso: toma la tijera y corta el cordón en el centro de los cuatro nudos, dejando dos y dos. Mientras lo haces, repite: "Te quiero y te dejo ir, me quieres y me liberas. Nuestros caminos continúan prósperos y separados".

Ya has terminado tu hechizo y es el momento de deshacerte de los elementos que ya han cumplido su función. Apaga la vela y retira el palo santo. Ambas cosas pueden ser reutilizadas para una sesión de relajamiento o para encenderlas en cualquier momento que quieras sentirte reconfortada/o, pero nunca para otro ritual. Puedes devolver la foto o el objeto a su lugar o a su dueño/a. El cordón lo debes enterrar en un lugar con tierra, una maceta o un jardín, y cada pedazo en un lugar diferente, no los entierres juntos.

Invocación al Arcángel San Miguel

La recurrencia a los arcángeles para protegernos y ayudarnos en nuestras peticiones es una de las formas más utilizadas (y más bellas) de la magia blanca. El Arcángel San Miguel es el justiciero divino, el que lucha contra el mal y restaura el orden. Por eso este hechizo está destinado a eliminar de tu camino a personas que te estén haciendo mal de manera deliberada.

Puede ser una pareja, expareja, antiguas relaciones de tu compañero/a actual, alguien que te acose o que simplemente disfrute poniéndote obstáculos en tu camino. Como siempre, no es un hechizo que le pueda hacer mal a una tercera persona, simplemente vas a buscar que a ti te rodee el bien.

Para este hechizo, el elemento que quizá te pueda resultar menos fácil de encontrar es el incienso, que es una fórmula específicamente elaborada para la conexión con este arcángel. Lo puedes encontrar como Incienso de Miguel Arcángel, de San Miguel o nombres similares. Si puedes utilizarlo en grano con un carbón, mejor que en varita, porque es más puro y te hace sentir mejor. Además, te durará muchísimo tiempo y podrás usarlo para más conexiones con este gran protector.

¿Qué necesito?

- Una vela azul
- Una estampa o imagen del Arcángel San Miguel
- Incienso de Miguel Arcángel

- Papel
- Lápiz

¿Cómo lo hago?

Es imprescindible que alcances un buen nivel de introspección espiritual porque vas a lanzar un mensaje, empieza por encender el incienso. Como siempre, es fundamental que te relajes y visualices. Comienza respirando y soltando la tensión, con inspiraciones profundas y sin prisa. Cuando notes que la energía fluye a tu alrededor, inicia el ejercicio de visualización: piensa en tu vida libre de esa persona y de su influencia negativa. Procura pensar siempre en positivo mientras visualizas: se trata de verte a ti en una posición mejor, que te sientas libre, segura/o y feliz.

Cuando sientas que tu cuerpo y tu mente están preparados, enciende la vela y ponla al lado del incienso. A continuación, toma el lápiz y el papel y escribe tu petición. Te proporciono el comienzo y, tras esas palabras, debes expresar con tus palabras lo que quieres, que esa persona desaparezca de tu lado: "San Miguel, jefe de los ejércitos celestes, terror de los malos espíritus, te ruego y te pido que...". Termina con el siguiente enunciado: "Por la gracia de tu amparo, que así sea".

Una vez que lo tengas escrito, concéntrate y repítelo en voz alta. Con una vez es suficiente, pero notarás que cuanto más lo recitas, mejor te sentirás. La invocación está hecha, puedes guardar la vela y dejar que el incienso se consuma. Este hechizo lo puedes repetir al cabo de nueve días.

PARTE V

Hechizos de amor propio

Hay un elemento imprescindible para que los caminos del amor estén abiertos hacia tí: el respeto y el amor hacia uno mismo. Sin autoestima no hay atracción de terceras personas. Sin saber amarte, no puedes pretender entregar ese sentimiento a otros. El amor que debes tenerte a tí mismo es totalmente necesario para el avance en cualquier aspecto de tu vida, no solo el sentimental. Su refuerzo se consigue a base de claridad mental para identificar cuán importante es y cuánto lo necesitas, y también a base de trabajo.

La autoestima es la opinión que uno tiene de sí mismo y el amor propio es el afecto que uno siente por su propia persona. Si tienes una buena autoestima y amas tu propia persona, te sentirás seguro y confiado. Podrás enfrentar los problemas y dificultades de la vida con más facilidad. También serás más feliz y tendrás más éxito en todo lo que te propongas.

Si tienes una baja autoestima y no te quieres, te costará mucho más enfrentar los problemas y dificultades de la vida. Te sentirás inseguro, triste y fracasado, con lo cual no serás una buena compañía y es probable que nadie se sienta cómodo compartiendo su vida contigo. También serás más propenso a la depresión y otras enfermedades mentales.

Como ves, es muy importante que trabajes en mejorar tu autoestima y amar tu propia persona. Te propongo algunas premisas antes de darte las herramientas mágicas que te harán avanzar en tu propósito. Hay algunas cuestiones que puedes trabajar antes de comenzar tus rituales.

Acepta quién eres. Todos somos diferentes y eso está bien. No trates de ser alguien que no eres. Acepta tus defectos y virtudes.

Haz las cosas que te gustan. No trates de impresionar a los demás. Ocupa tu tiempo en aquello que te haga feliz.

No te compares con los demás. Cada persona es única y tiene sus propios talentos y habilidades. Aprecia tu propia individualidad y conseguirás que los demás la aprecien.

Aprende a decir "no". No te sientas obligado a hacer algo que no quieres hacer. Rechaza aquello que no se ajuste a tus necesidades o convicciones de forma respetuosa pero firme.

Cuida tu cuerpo. Alimenta tu cuerpo con comida saludable y haz ejercicio regularmente. Mímate con cuidados corporales y caprichos. Ten claro que te lo mereces.

Aprende a perdonarte. No te castigues por tus errores. Recoge una enseñanza de ellos y sigue adelante.

Ríete de ti mismo. No tomes la vida demasiado en serio. Aprende a tomarte el día a día con humor.

Si no tienes la autoestima en sus mejores niveles, no te preocupes, aquí encontrarás mucha ayuda para mejorarla. Necesitas tiempo, constancia y mucha interiorización.

Poción de almendras y jengibre

Con este ungüento de preparación casera serás irresistible para ti mismo. Para amarse es necesario percibirse, y percibirse de manera atractiva. ¿Cuántas veces un lápiz de labios o una vestimenta nueva nos hace sentir mucho mejor y vernos radiantes? Vamos a conseguir esa sensación con elementos naturales que tienen, además, una fuerte carga energética.

¿Qué necesito?

- 5 cucharadas grandes de aceite de almendras
- Esencia de jazmín
- Pétalos de rosa
- Unas hojitas de romero
- Un poco de jengibre en polvo (solo unos granitos)
- Un recipiente de cristal

¿Cómo lo hago?

Elabora este ungüento con la misma ceremonia con la que prepararías cualquier hechizo. Recuerda que tiene las mismas propiedades mágicas que un ritual que prepares para el exterior. Relájate y concéntrate en tu objetivo. Puedes tomar un baño o una ducha caliente antes de empezar. Luego busca un lugar tranquilo y respira profundamente hasta que sueltes tensión y notes la energía fluir a tu alrededor. Esfuérzate en imaginarte como una persona bella por fuera y por dentro, enumera tus cualidades y haz una lista de todo lo que quieras alcanzar para sentirte realizada o realizado.

Ahora es el momento de realizar nuestra mezcla. Simplemente tienes que unir todos los ingredientes en el cuenco e integrarlos con ayuda de un palo de mortero o una cuchara de madera. Cuando lo tengas listo, utilízalo por la mañana y antes de dormir colocando unas gotas detrás de las orejas, en la base del cuello y en la cara interior de las muñecas. Cuando te lo pongas, sé consciente de que estás utilizando una poción que despertará en tí unas ganas irrefrenables de quererte y eso te hará una persona más atractiva ante los demás.

Ritual de la Piedra del Sol

Para este hechizo vamos a utilizar una Piedra del Sol, que es una roca con un color anaranjado y unos destellos brillantes muy llamativos que se usaba ya en las civilizaciones antiguas para potenciar la belleza, sobre todo de las mujeres. Este elemento es ideal para estimular el Chakra Sacro, situado cuatro dedos por debajo del ombligo y canalizador de, entre otras cosas, la confianza en uno mismo.

¿Qué necesito?

- Una piedra del sol
- Incienso de vainilla o de rosa, el que más te guste

¿Cómo lo hago?

Es imprescindible, como en todos los rituales, que encuentres un lugar tranquilo donde tengas garantías de que no te van a interrumpir. En esta ocasión necesitarás tumbarte. Puede ser en una cama, un sofá, una colchoneta o el suelo, pero debes sentirte cómoda o cómodo.

Enciende el incienso, túmbate con la piedra al lado e inicia los ejercicios de relajación y visualización. Primero respira profundamente hasta que notes cómo sueltas la tensión y cómo fluye la energía. Tómate el tiempo necesario. Relaja la zona de la pelvis realizando círculos con la cadera. Cuando alcances un estado de relax, visualiza cómo quieres que te vean los demás, piensa en tus virtudes y tus puntos fuertes.

Ahora coloca la piedra del sol en el punto donde se encuentra el Chakra Sacro, cuatro dedos por debajo de tu ombligo. Permanece así al menos un minuto, sintiendo la energía de la roca en tu cuerpo. Cuando sientas que estás preparada o preparado, repite lo siguiente: "Soy valiosa/o, soy bella/o, el universo me ama y yo me respeto". Puedes repetirlo cuantas veces quieras. Notarás que estar en posición de reposo con la piedra sobre tu cuerpo es una sensación placentera y relajante.

Lleva la piedra del sol siempre contigo, es un buen amuleto para apuntalar tu confianza. Este hechizo lo puedes realizar una vez a la semana si lo deseas.

Hechizo dulce amor

Así como cuidamos la dulzura con la que tratamos a nuestra pareja o nuestros seres queridos, es fundamental vigilar la forma en la que nos relacionamos con nosotros mismos. ¿Te has parado a escuchar los mensajes que te envías? Seguro que más de una vez se te ha escapado un "qué torpe soy", cuando se te cae algo al suelo, un "soy estúpida/o por esperar esto o lo otro" cuando te llevas una decepción o un "yo no tengo tanta suerte para que me pase algo tan bueno".

Son mensajes hirientes que nunca le dirías a un hijo o a uno de tus padres y que, sin embargo, se escapan de tu mente si se trata de hablar de ti mismo. Debes saber que es un comportamiento muy dañino que arraiga en tu subconsciente y se termina reflejando en tu comportamiento y en la forma en la que te ven los demás. Por tanto, debes detectar esta práctica y eliminarla. Cuando te sorprendas dirigiéndote a ti de esa manera, corrígelo inmediatamente pidiéndote perdón.

El hechizo de dulce amor va destinado a pedirle al universo que nos ayude a reparar esas heridas que nos hacemos nosotros mismos. Es muy sencillo y lo puedes hacer siempre que quieras. No solo supondrá un refuerzo para tu autoestima y un recordatorio del respeto que no debes perderte, sino que te ayudará a relajarte y estar en armonía.

¿Qué necesito?

- Una vela rosa
- Miel
- Un pincel (opcional)

¿Cómo lo hago?

Al atardecer, busca un lugar tranquilo donde relajarte y donde puedas alcanzar un estado óptimo de concentración. Comienza con los ejercicios de respiración, de forma pausada y consciente. Cuando notes que has soltado la tensión, comienza a visualizarte a ti misma/a como un ser de luz. Imagínate rodeado de un aura blanca, sonriente y bella/o. Piensa en cómo sería todo si pudieras verte así cada día.

Ahora toma la vela y escribe tu nombre sobre ella con miel. Puedes usar un pincel o tu dedo. Enciéndela y vuelve a tu estado de concentración. Puedes tumbarte si lo deseas. A continuación, debes repetir las siguientes afirmaciones:

- Soy bella/o por dentro y por fuera
- Merezco toda la bondad del cosmos
- La vida me sonríe y me da lo que merezco
- Soy un ser perfecto con sus imperfecciones
- Merezco amor y paz

Repítelo tantas veces como quieras mientras sigues en estado de relajación. Estas afirmaciones son útiles para tu vida diaria. Sin necesidad de iniciar un ritual, puedes repetirla cada mañana o cada noche frente al espejo. Los mensajes arraigarán en tu mente y dejarás de castigarte con consideraciones negativas sobre ti misma/o.

Ritual de plata

Un ejercicio muy útil para saber cómo está tu nivel de autoestima y autocuidado es el siguiente. Piensa en la persona a la que más quieres en este mundo. Puede ser tu madre, tu padre, un hermano o tu pareja. Elige a quien desees. Ahora elabora una lista de cosas que le has regalado últimamente o de cosas que te gustaría regalarle si pudieras. Ahora haz la misma lista pero pensando en tí. Suele ser mucho más pequeña. En este rito te vas a hacer un obsequio a ti misma/o porque te lo mereces. No va a ser un simple regalo, será un símbolo del amor hacia tu persona que va a marcar el inicio de una nueva forma de relacionarte con tu propio ser.

¿Qué necesito?

- Un objeto de plata o plateado que te guste. Debes comprar algo nuevo, no es necesario que sea caro, simplemente que sea algo que te apetezca tener. Puede ser un anillo, un colgante, una bandeja, un portavelas. Es importante que represente la plata a través de su color.
- Una vela rosa
- Una cinta rosa
- Incienso de rosa, lavanda o vainilla

¿Cómo lo hago?

Inicia tu ritual como siempre, buscando la serenidad de tu cuerpo y tu mente. Necesitas estar en un lugar tranquilo. Respira profundamente y siente cómo aleja la tensión de tu cuerpo y las preocupaciones de tu mente. Comienza el proceso de visualización. Piensa en ti como un ser perfecto, divino y que merece todo lo bueno que le llega. Repasa tus virtudes y tus buenas acciones. Cuando estés preparada o preparado, es el momento de hacer tu ceremonia.

Enciende la vela y el incienso y dedica unos minutos más a meditar. Piensa en cómo quieres que te vean los demás, lo que quieres proyectar y que ahora probablemente esté oculto en tu interior, obstaculizado por tu falta de amor propio. Deja salir todas esas cosas buenas.

Ahora toma tu cinta rosa y rodea tu regalo. Si no es posible porque es muy grande o muy pequeño, haz un lazo con la cinta y ponlo sobre el objeto.

A continuación, recita lo siguiente: "El universo te ama, eres valiosa/o. Toma este regalo para tu corazón".

Pon tu regalo en un lugar muy visible o llévalo encima. Cada vez que lo contemples debes recordar todas aquellas cosas buenas que debes dejar salir de tu interior y que te hacen un ser merecedor de lo mejor.

Hechizo para proteger tu amor propio

La autoestima no es solo algo difícil de conseguir, también es algo complicado de proteger y mantener lejos del daño que le puedan infringir los demás. Cuando somos niños tenemos una visión justa y amable de nosotros mismos, no nos consideramos inferiores o malos. Son las agresiones externas lo que van dañando esa capa de amor tan necesaria para nuestra felicidad. Con este hechizo conseguirás crear un escudo alrededor de tu amor propio para que se mantenga fuerte.

¿Qué necesito?

- Una vela rosa
- Una aguja, alfiler o elemento afilado para grabar en la vela
- Sal
- Aceite de lavanda
- Pétalos de rosa
- Papel
- Lápiz rojo
- Un frasco de cristal con tapa

¿Cómo lo hago?

Prepara el lugar donde vas a llevar a cabo tu hechizo. Puedes poner música suave relajante y un incienso de rosa, lavanda o un perfume también suave. Disponlo todo para que te sea fácil relajarte. Comienza respirando profundamente y soltando la tensión acumulada en el cuerpo. Luego inicia el proceso de visualización y piensa en tus mejores cualidades. Haz una representación de tí misma/o como una persona perfecta y merecedora de todo el amor.

Cuando sientas que estás conectada/o con la energía, graba tu nombre en la vela con el elemento punzante y úntala de lavanda. Ponla dentro del frasco. Ahora forma un círculo alrededor del frasco de cristal con los pétalos de rosas. Eso simbolizará el amor que te mereces y que debe salir de ti misma/o.

Cuando tengas el frasco rodeado de pétalos, haz un círculo exterior con sal. Dentro de ese círculo deben quedar los pétalos y el frasco con la vela. Esto simboliza una barrera de protección hacia nosotros y nuestro amor propio.

Ahora enciende la vela y elabora en el papel una lista de todos tus atributos, físicos y espirituales. Indica todo aquello que te hace buena persona y que los demás deben valorar en ti. También cualquier cosa de tu físico que te guste. Ahora lee la lista detenidamente concentrándote en valorar todas esas cosas maravillosas.

Al cabo de unos minutos, dobla el papel y préndelo con la vela mientras recitas lo siguiente: "Soy fuerte y poderosa/o. Protejo mis tesoros, solo a mí me pertenecen y yo los custodio".

Ahora deja que el papel se consuma dentro del frasco y espera a que también la vela se consuma. Cuando la llama esté apagada, recoge los pétalos y la sal e introdúcelos en el frasco con la cera de la vela y las cenizas de tu listado. Tapa el tarro y guárdalo en un lugar seguro de tu cuarto.

Hechizo de refuerzo

No cabe duda de que, cuando tu autoestima es baja, tu peor crítico y enemigo eres tú mismo. Es necesario la relación que mantienes con tu propio ser, tanto en el plano espiritual como en el físico. Con este hechizo te vas a proteger de las malas opiniones, ya vengan del exterior o de tus propios pensamientos, y también vas a endulzar la relación que tienes contigo. Es un ritual que hay que hacer en dos sesiones y que además debes realizar en luna creciente o llena.

¿Qué necesito?

- Una vela rosa
- Una ramita de romero
- Pétalos de rosa roja o de color rosa
- Un puñadito de arroz
- Una cucharadita de azúcar
- Una rama de canela
- Una foto tuya tamaño carné
- Una bandeja
- Un saco, una bolsita blanca o un sobre

¿Cómo lo hago?

Como ya hemos dicho, para este hechizo necesitarás dos noches con luna llena o creciente. En la primera jornada vas a coger todos los ingredientes junto con la foto y deberás dejarlos bajo la luz de la luna para que se recarguen con su energía. Para ello puedes colocarlos en una bandeja y depositarlos en el alféizar de una ventana o en un balcón o terraza.

A la mañana siguiente recoge todos los elementos de tu ritual y guárdalos para completar el hechizo más tarde, pero antes de las doce de la noche. Cuando llegue el momento deberás buscar un lugar tranquilo donde iniciar los ejercicios de respiración para relajarte. Inspira y expira profundamente mientas piensas en todas las cosas buenas que rodean tu vida, en aquellas cualidades que valoras de ti e incluso en los aspectos físicos que más te gustan de tu persona.

Cuando estés preparada o preparado, sin tensión y notando la energía fluyendo, enciende la vela y coge tu foto en las manos. A continuación, junta las palmas de las manos como si fueras a rezar, dejando la foto en medio. Repite lo siguiente: "Soy un tesoro, soy valiosa/o, me respeto y el universo me quiere".

Ahora introduce la foto en el saquito o sobre. Añade el arroz, el azúcar, el romero, la rama de canela y los pétalos de rosa. Cierra el saco y ponlo junto a tu cama. Apaga la vela y puedes guardarla para encenderla en otro momento si lo deseas. A partir del día siguiente lleva el saco contigo como un amuleto que, además, servirá para recordarte lo especial que eres.

Hechizo con amatista

La mayor parte de las veces, nuestra falta de amor propio tiene su origen en el rechazo hacia algún aspecto de nuestro físico. En algunos casos extremos, hacia nuestro cuerpo al completo y toda nuestra apariencia. Son creencias que no tienen fundamentos, puesto todos somos bellos como parte del universo, pero que arraigan en lo más profundo de la mente dañándonos de manera muy cruel. Hay que detectar y eliminar esas creencias lo antes posible, pues se pueden convertir en un gran obstáculo para nuestra evolución, no solo en el plano sentimental, sino en cualquier aspecto de nuestras vidas.

Con este hechizo vamos a curar esas heridas que nos hacen las creencias injustas que se instalan en nuestra mente y en nuestro espíritu. Puesto que no es algo que nazca con nosotros, sino que se van adquiriendo con el tiempo, podemos asegurar que es un elemento artificial en nuestro organismo y es posible arrancar esa hiedra venenosa. En esta ocasión vamos a utilizar la amatista porque es la piedra conectada con nuestra espiritualidad, con nuestro interior más sincero y sensato, el lugar donde se encuentra la información verdadera sobre cómo somos y lo que valemos. Es una piedra que, además, nos proporciona armonía y facilita nuestra concentración.

¿Qué necesito?

- Una vela rosa
- Una piedra de amatista
- Incienso de lavanda
- Hojas de lavanda
- Un tarro de cristal con tapa
- Papel
- Lápiz

- Un saquito del color que quieras

¿Cómo lo hago?

Elige el lugar y el momento apropiado. Debes asegurarte de que no te van a interrumpir. Enciende el incienso de lavanda y comienza a prepararte para los ejercicios de relajación. Concéntrate en tus inspiraciones y expiraciones, que deben ser profundas y pausadas. Mientras notas cómo se va la tensión de tu cuerpo, elimina la incertidumbre de tu mente. Piensa en tus cualidades y todas aquellas cosas de ti misma/o que valoras, tanto físicas como espirituales. Haz un esbozo mental de cómo quieres que te vean los demás.

Cuando estés en un estado óptimo de concentración, enciende la vela rosa. Toma el lápiz y el papel y escribe: "Adoro y cuido mi cuerpo y su belleza. Valoro y cuido mi mente con su fuerza. Hoy dejo atrás las dudas y avanzo con el amor del cosmos".

Toma la amatista entre tus manos y acércala a tu frente mientras recitas lo que has escrito. Repítelo varias veces y tómate tu tiempo para el recogimiento y la reflexión. Ahora vas a llenar el tarro de cristal poniendo en el fondo el papel, luego las hojas de lavanda y, por último, la amatista. Déjala toda la noche bajo tu cama o en tu mesita de noche.

A la mañana siguiente deshazte del papel mojándolo para que se diluya su contenido. Puedes tirarlo a la basura sin problema, ya ha cumplido su cometido. Ahora guarda algunas hojas de lavanda junto con la amatista en el saquito. Ese será el amuleto que te recuerde lo valioso que es todo tu ser y te proteja de tus propios ataques.

Ritual de los cinco días

Para recuperar y reforzar tu amor propio es necesario que te dediques tiempo, como harías con cualquier relación que quieras cuidar para que florezca y sea duradera y sólida. Este hechizo se desarrolla a lo largo de cinco días y es una de las mejores formas de hacer una recuperación intensiva de un amor propio dañado. Vamos a dedicar cada uno de los días a un aspecto concreto de nuestro ser que debemos restaurar y mimar.

¿Qué necesito?

- Una vela blanca
- Una vela azul claro
- Una vela verde
- Una vela violeta
- Una vela naranja
- Una vela rosa
- Incienso de sándalo o lavanda

¿Cómo lo hago?

Como dijimos al principio, este es un hechizo que vamos a hacer durante cinco días seguidos. Cada uno de ellos tendremos como protagonista un aspecto de nuestro ser físico y espiritual que va a ser recuperado y valorado. Empezaremos un miércoles y terminaremos un domingo, y cada uno de esos cinco días vamos a empezar nuestro ritual como siempre: con relajación, concentración y visualización.

Al anochecer, escoge tu lugar seguro y tranquilo, lejos de interrupciones y distracciones. Comienza el ejercicio de relajación con respiraciones profundas y pausadas, concentrándote en la inspiración y expiración del aire. Ahora concéntrate en reflexionar sobre el estado en el que te encuentras por la falta de amor propio. ¿Qué te gustaría cambiar? ¿Con qué aspectos de tu personalidad o de tu cuerpo te castigas más? Identifícalos y tenlos presente. Ahora piensa con sinceridad en todas esas cosas buenas que atesoras y visualiza cómo quieres que te vean los demás, con todas esas virtudes al descubierto.

Una vez hayas hecho esto, estás preparada/o para iniciar el hechizo. El primer día, es decir, el miércoles, vas a tomar la vela blanca, símbolo de la pureza, la sinceridad y la fuerza espiritual, entre otras cosas. Con ella vamos a establecer los objetivos de este ritual: queremos una limpieza de espíritu que nos deje ver con claridad lo valiosas o valiosos que somos y nos comprometemos a llevar a cabo este viaje interior con fe y verdad.

Toma el papel y escribe lo siguiente: "Me veo con los ojos del alma, me siento con el corazón puro, yo soy perfecta/o para el cosmos y merezco su amor. Nada del exterior me daña". Recita al menos tres veces. Puedes mantenerte con estos pensamientos cuanto quieras. Sentirás la paz de ser honesta contigo misma/o. Una vez terminado el ritual, guarda la vela.

El segundo día, jueves, es el turno de la vela azul. Asegúrate de que sea un tono claro porque el azul oscuro no es válido para nuestro fin. En esta jornada nos vamos a centrar en acabar con el conflicto que tenemos en nuestro interior. La vela azul nos garantiza la serenidad y el equilibrio y además aporta esperanza, fundamental para nuestro cambio. Prende el incienso de sándalo y la vela. Ahora toma el papel y el lápiz y escribe lo siguiente: "No hay dos en mí. Solo mi yo verdadero debe ser escuchado. Me quiero y me regalo la oportunidad de estar conmigo". Igual que el día anterior, repite al menos tres veces y luego permanece en estado de concentración cuanto desees. Guarda la vela junto a la blanca.

El viernes tomaremos la vela verde, que nos va a garantizar el éxito en cualquiera de los ámbitos de nuestra vida: el sentimental, el laboral, académico, familiar, ... Enciende el incienso y la vela y escribe en el papel: "El éxito me acompaña, todo llega a buen puerto. Mi ser se eleva y consigue todo aquello que se propone". Repite las tres veces necesarias y luego todas las que quieras. Pon la vela con las otras que has usado.

El sábado toma la vela morada, símbolo de la sabiduría. Nos va a dar la sensatez necesaria para no volver a caer en la autodestrucción y la aniquilación del amor propio. Este día nos sirve para abrir los ojos a la verdad: que no podemos seguir dañándonos con creencias negativas. Prende el incienso y la vela y escribe: "Solo yo dirijo mi mente, mi ser es sabio para avanzar". Repite tres veces o más si te apetece. Guarda también esta vela.

Terminamos el domingo con la vela naranja, garante de la ambición y el atrevimiento. Es lo que nos va a permitir perder el miedo a vernos como personas valiosas y a emprender cambios en nuestra vida. Enciéndela junto al incienso y escribe en el papel: "Voy adelante con paso firme, descubro nuevas sendas abiertas para mí". Repítelo al menos tres veces.

Ahora saca el resto de velas, ponlas todas juntas formando un círculo y enciéndelas. Contempla y repasa lo que has conseguido: fuerza espiritual para reflexionar sobre ti misma/o, serenidad y armonía entre tu cuerpo, tu mente y el mundo, éxito en tus proyectos futuros, sabiduría para verte como realmente eres sin la interferencia de terceras opiniones dañinas y, por último, el empuje necesario para emprender el cambio.

Permanece durante los minutos que desees reflexionando sobre todo esto. Luego puedes apagar las velas. En los días siguientes puedes ir encendiéndolas, todas juntas o escogiendo la del color que te apetezca es día. No olvides sus significados y valora lo que ha supuesto en tu vida la reflexión sobre ese aspecto que la vela salvaguarda: la espiritualidad, la armonía, el éxito, la sabiduría y la ambición. Cuando se terminen, deséchalas sin problema en la basura, ellas ya han llevado a cabo su cometido.

Hechizo del Muladhara

No podemos hablar de amor propio sin tener en cuenta el Muladhara, el Cakra Raíz o Primer Chakra. Es el primero de nuestros centros energéticos y está localizado en la base de la columna vertebral, concretamente en el perineo, entre el ano y los genitales. Es el chakra que nos ancla a la tierra, como puedes deducir de su nombre. Es fundamental, por tanto, para nuestra salud mental y emocional. Si está descompensado tendrás síntomas tanto físico como mentales. Entre ello, mala digestión, hemorroides, estreñimiento, sentimiento de desasosiego, de estar desorientado en la vida y tristeza, dependencia de sustancias, de la comida o actos impulsivos e incontrolables. Eso no quiere decir que si tienes alguno de los desórdenes anteriores la causa única sea un estado incorrecto del Chakra Raíz, pero nunca está de más cuidarlo y alinearlo. Con este hechizo conseguirás que esté en su estado más óptimo para que camines segura o seguro por la vida.

Una de las formas más efectivas de abrir y alinear los chackras son los ejercicios, y entre ellos los más adecuados son los de yoga. Es algo que debes tener en cuenta si llevas una vida sedentaria. Sin embargo, en esta ocasión lo vamos a conseguir la mejoría a través de la meditación, la respiración consciente y una piedra semipreciosa como objeto canalizador. Tendrás que hacerte con una de estas piedras-. ojo de tigre, turmalina negra o cuarzo ahumado. Son las más fáciles de encontrar de entre todas las que son válidas para tratar el Muladhara, aunque también sirven el ónix negro, la cornalina o el jaspe rojo.

¿Qué necesito?

- Ojo de tigre, turmalina negra, cuarzo ahumado o cualquier piedra relacionada con el Muladhara.
- Incienso de sándalo

¿Cómo lo hago?

Este es un ritual que precisa de la habitual concentración y en el que vamos a dedicar más tiempo a la relajación y meditación. Busca un lugar tranquilo y reserva al menos una hora para realizarlo.

Comienza sentada o sentado, con la espalda recta y las piernas cruzadas o flexionadas levemente, como te sientas más cómoda/o. Vas a relajarte mediante la respiración, fijando tu atención en el movimiento de tu vientre mientas inspiras y expiras profundamente y de forma pausada. Poco a poco intenta dejar la mente en blanco, apartando los pensamientos que te vienes. No te agobies si no lo consigues a la perfección porque es algo muy difícil que requiere mucha práctica, simplemente basta con que deseches los pensamientos según vayan llegando.

Cuando alcances un estado de relajación óptimo, toma la piedra en tus manos y vuelve a la misma posición. Sigue respirando de manera pausada unos minutos más.

A continuación, concéntrate en la parte baja de tu columna, donde hemos dicho que se encuentra el Chackra Raíz. Imagina una luz blanca inundando toda esa parte de tu cuerpo. Es posible que sientas calor o un cosquilleo, es normal y positivo. Mantente así unos minutos más.

Por último, repite las siguientes afirmaciones:

- Estoy enraizada/o en mi centro
- Mis valores son excepcionales
- Me siento orgullosa/o de mi cuerpo

- Confío y avanzo

Repite estas afirmaciones todas las veces que quieras, mientras te sientes cómoda/o. Cuando hayas terminado, guarda la piedra entre tus cosas o llévala contigo a modo de recargo de energía. Este ritual lo puedes repetir siempre que quieras, te proporcionará seguridad y ten mantendrá en tu centro.

Espero que hayas disfrutado...

Me gustaría que la lectura de este pequeño manual para brujas y brujos principiantes te haya abierto las puertas a un nuevo mundo que, para mí, es fascinante. Te animo a que sigas descubriendo todo lo que la práctica de la magia blanca puede hacer por ti y por tu bienestar. Te llevas un trocito de sabiduría y, si te has animado a hacer alguno de estos hechizos, seguro que también te has hecho con una buena dosis de autoconocimiento. Me despido de ti hasta la próxima vez que nos encontremos con todos mis buenos deseos de salud, amor y felicidad.

Sol Király Galván.

Sobre la autora

 Sol Király Galván es historiadora especializada en rituales y creencias de la Antigüedad. Nacida en Argentina, de madre española y padre húngaro, su familia se instaló en Madrid a los pocos años de su llegada al mundo. Desde hace una década reside en Sevilla. Después de algunos años como docente, decidió dedicarse de lleno a su pasión, siguiendo la llamada de una intuición que, desde niña, le indicaba ver que tenía un don natural para conectar con energías superiores. Ha ayudado a centenares de persona a cambiar su vida gracias a la práctica de la magia blanca y el autoconocimiento de los poderes que cada humano guarda en su interior. Desde hace algunos años comparte y divulga su conocimiento con el deseo de que el poder de la magia llegue a cada vez más personas y logre aportar luz a todas las vidas posibles.